RENZHI JIHUO KUANGJIAXIA DE HANYU PIANZHANG HUIZHI YANJIU

认知激活框架下的汉语篇章回指研究

石艳华 著

中国社会科学出版社

图书在版编目（CIP）数据

认知激活框架下的汉语篇章回指研究/石艳华著．
—北京：中国社会科学出版社，2014.1
ISBN 978 - 7 - 5161 - 4037 - 6

Ⅰ．①认…　Ⅱ．①石…　Ⅲ．①汉语—语法—研究
Ⅳ．①H146

中国版本图书馆 CIP 数据核字（2014）第 044362 号

出 版 人	赵剑英	
选题策划	卢小生	
责任编辑	卢小生	
责任校对	韩天炜	
责任印制	李　建	

出　　版	中国社会科学出版社	
社　　址	北京鼓楼西大街甲 158 号（邮编　100720）	
网　　址	http：//www.csspw.cn	
	中文域名：中国社科网　　010 - 64070619	
发 行 部	010 - 84083635	
门 市 部	010 - 84029450	
经　　销	新华书店及其他书店	

印　　刷	北京市大兴区新魏印刷厂	
装　　订	廊坊市广阳区广增装订厂	
版　　次	2014 年 1 月第 1 版	
印　　次	2014 年 1 月第 1 次印刷	

开　　本	710×1000　1/16	
印　　张	11.75	
插　　页	2	
字　　数	234 千字	
定　　价	36.00 元	

凡购买中国社会科学出版社图书，如有质量问题请与本社发行部联系调换
电话：010 - 64009791
版权所有　侵权必究

序　言

　　石艳华新著就要出版了，我感到十分欣慰！他曾随我读硕、读博多年，我对其人品和学识颇为了解：他为人忠厚老实，不尚空谈；做学问勤勤恳恳，踏踏实实。他在我主编的《言语交际语言学》中担任副主编，与我合写《近二十年语言和言语研究述评》发表在《汉语学习》杂志上。应该说，他是个既能低头拉车，又能抬头看路的人。

　　从20世纪70年代开始，回指现象成为当代语言学研究领域的一个重要课题，引起了不同流派、不同学科背景的学者的研究兴趣。在近40年的研究历程中，回指的研究范围从句内回指扩展到篇章回指，分析的语料从单个的句子扩大到完整的语篇，解释的途径涉及句法学、语义学、语用学、功能语法和认知语言学。这些研究变化反映了语言学研究已经从语言的语言学向言语的语言学这块领地进军。

　　自从索绪尔严格区分语言和言语两个概念，并呼吁分开研究语言的语言学和言语的语言学以来，结构主义语言学和形式主义语言学的学者在走到索绪尔所说的"第一个交叉口"时，都毫不犹豫地向言语的语言学这块领地进军。他们在进一步认清了语言工具的内部结构的同时，也尝到了脱离社会、忽视使用工具的交际者和交际场合所带来的苦果。从事语言学研究的学者开始意识到，在继续深入研究语言的语言学的同时，应该尽早开垦索绪尔早已指出的另一块语言学领地——言语的语言学。我在拙著《言语的语言学导论》中指出，广义的言语语言学内容涉及语言运用的过程和结果，它不但包括说和所说，而且包括写和所写，因此它的研究内容应该十分宽泛。我们认为虽然言语的语言学目前还没有一个统一的疆界，但话语分析、篇章语法可以归入言语的语言学研究范畴。在研究方法上，言语的语言学是一种联系言语过程到言语结果的相对动态的研究，是一种联系语境的、外部的、交叉的、异质的研究。石艳华的《认知激活框架下的汉语篇章回指研究》其研究内容和研究方法完全符合言语的语言学的大方向，其理论意义也就不言而喻了。

　　篇章回指研究可以从两个角度入手，即回指使用和回指理解。语言学研究者通常从回指使用的角度展开研究，并先后形成三种主要的回指使用解释模式：话题连续模式、语篇层级模式和认知激活模式。不同理论模式的提出表明篇章回指研究的深度起了可观的变化，从侧重语篇结构的特点发展到侧重言语交际者的认知因素。不过，言语是交际者认知的结果，在篇章回指研究中，把交际者的认知因素和语篇的结构要素结合起来研究应该是一条可取的研究路径。本书正是按照这样的思路和方法来研究现代汉语篇章回指的。作者在认知激活理论框架下，吸纳了话题连续模式和语篇层级模式的分析方法，提出了篇章回指的选择模型。该理论模型有两个理论主张：一是主张说话者选择回指语来指称篇章中一个"熟悉的"语篇实体时，取决于说话者对该语篇实体认知状态的评估，其评估的认知基础是说话者自己的语篇模型；二是主张语篇间隔距离和语篇实体特征制约语篇实体的认知状态。本书通过对 110 万字叙事体书面语料的分析，用大量的语言事实来支持该理论模型。在实证研究中，本书对先行词位于主语、宾语和领属语三种不同位置时的回指现象进行了比较系统的考察，让我们能够更加全面地认知现代汉语的篇章回指现象。

　　如果说本书有什么不足或可以再加工的地方，我认为，对语言事例的分析还可以再深入一些，有些结论还可以再推敲。篇章回指是篇章语法的一个重要研究内容，也是言语的语言学的一个重要的研究范畴，本书的出版对推动言语的语言学的研究将作出应有的贡献。

　　今年正是伟大的现代语言学奠基人——索绪尔逝世 100 周年纪念年，我国和全世界的语言学工作者都召开有关的纪念活动。我愿借为石艳华新著作序之机，向这位伟人致敬，也呼吁我们年轻的一代，继续沿着他的足迹探索前进！

岑运强

2013 年 8 月写于北京育新花园

内 容 摘 要

本书借鉴 Jeanette K. Gundel（1993）、Andrej A. Kibrik（1999）和 Russell Tomlin（2007）等学者的研究成果，从语篇生成的角度，运用认知功能语言学的理论，研究现代汉语篇章回指现象。

本书共有6章。第一章介绍本书的研究对象、研究目标、理论假设、研究方法和语料来源，并对本书中使用的一些常用术语进行界定。

第二章先介绍国外学者篇章回指研究的话题连续模式、语篇层级模式和认知激活模式三种模式，接下来概述国内学者对现代汉语篇章回指所进行的研究。

第三章论述该模式的理论基础和理论假设。记忆激活模式包括：语篇实体的认知状态分类、实体的认知状态同指称语编码形式的关联、制约实体认知状态的语篇因素和实体特征三个模块。

本书把认知状态分为"注意中心"、"激活的"、"熟悉的"、"可识别的"和"未识别的"五类，它们具有蕴涵关系，激活程度高的认知状态蕴含着激活程度低的认知状态。

本书假定实体的认知状态同指称语的编码形式有如下关联：如果语篇实体在交际者的记忆系统中被高度激活，就用简省的名词形式（零形式和代词）对它进行编码；如果语篇实体在交际者的记忆系统中被激活的程度很低，就用全称名词对它进行编码。

语篇间隔距离和语篇实体特征是制约说话者关于实体认知状态的两大因素。语篇间隔距离包括修辞结构距离、线性距离和名词词语间隔距离；语篇实体的特征包括重要人物和语法角色（主语、宾语或领属语）。这五个要素整合后通过制约实体的认知状态，间接地影响回指语的编码形式。

第四章分析说话者首次和再次引入语篇实体时，使用的名词的编码形式以及它们指称的实体的认知状态。说话者通常使用专有名词和普通名词指称首次提及的实体，专有名词引入可识别的实体，普通名词引入可识别的和未识别的实体。当再次提及已知实体时，说话者有时候由于叙述视角的转移，把熟悉的实体编码为新实体。

第五章首先统计先行词在三种句法位置时回指形式的分布情况，统计数据表明语篇间隔距离影响回指语的选择。接下来，本章从修辞结构的语义特点、间隔名词的句法特征和实体的语用特性等角度对零形回指、代词回指和名词回指进行了详细的分析。综合本章的研究，我们把篇章回指的规律总结如下：

零形回指语指称"注意中心"状态的实体。此时先行词和回指语之间的修辞结构距离和线性距离都很小，名词间隔距离一般小于1，如果有潜在的干扰名词，该名词一般不出现在小句的主语位置上打断先行词和回指语的线性话题链。零形回指语指称的是语篇中的重要人物实体。

代词回指语指称"注意中心"和"激活的"状态的实体。此时先行词和回指语之间的修辞结构距离和线性距离都较小。（1）当先行词在小句的主语和领属语位置上时，名词词语间隔距离一般不大于1；如果先行词和回指语之间有潜在的干扰名词，该名词一般不出现在小句的主语位置上打断先行词和回指语的线性话题链；代词回指语指称语篇中的重要人物实体。（2）当先行词在小句的宾语位置上时，名词词语间隔距离一般为0。当代词回指语保持宾语指称时，它指称语篇中的次要人物实体；当代词回指语转换宾语指称时，它指称语篇中的重要人物实体。

名词回指语指称"熟悉的"实体。此时先行词和回指语之间的修辞结构距离和线性距离较大，名词间隔距离一般大于1，潜在的干扰名词一般出现在小句的主语位置上，打断先行词和回指语的线性话题链，名词回指语指称语篇中的一个参与人物实体。

第六章总结本书的主要观点，指出研究的局限和今后进一步研究的方向。

关键词：汉语篇章　认知激活模式　回指形式

ABSTRACT

Based on the achievements in anaphoric researches gained by a number of scholars such as Jeanette K. Gundel et al. (1993), Andrej A. Kibrik (1999), Russell Tomlin (2007), the book adopts the cognitive – functional linguistic theory to study the discourse anaphora in Chinese from the perspective of discourse production.

The book consists of six chapters. Chapter 1 (introduction) describes the object, objective, theoretic assumption, methods of the research, the corpus used by the researcher, and defines some technical terms often used in the book.

Chapter 2 surveys the researches on discourse anaphora in China and abroad. The first three sections introduce three main approaches to the discourse anaphora adopted by foreign scholars. They are topic continuity model, discourse hierarchy model and cognitive activation model. Section 4 outlines the state of the art of the researches on discourse anaphora in China.

Chapter 3 constructs the memorial – activation model, discusses the theoretic premises and assumption of the model. The model includes three components, i. e. the classification of cognitive statuses of discourse entity, the correlation between cognitive statuses of entity and linguistic forms, discourse factors and entity features restricting cognitive statuses.

The book classifies cognitive statuses into five categories, that is, attention focus, activated, familiar, identifiable and unidentifiable. The statuses are implicationally related. Each status on the hierarchy entails all lower statuses, but not vice versa.

The book proposes the assumption: If the discourse entity is highly activated in the speaker's memory, it is coded by attenuated forms (zero or pronominal anaphora); if the discourse entity is lowly activated, it is coded by full nouns (nominal anaphora).

Discourse interval distances and discourse entity features are two factors that restrict cognitive statuses of entity. Discourse interval distances include rhetorical structure, linear, noun interval distance; Discourse entity features include protagonist and grammatical role (subject, object, genitive). These five elements indirectly influence the anaphoric selection through restricting cognitive statuses of entity.

Chapter 4 analyses the nominal forms and cognitive statuses of entity referring with these forms when speaker introduces, or reintroduces entity into discourse. Speaker conventionally uses proper nouns and general nouns to refer the firstly mentioned referents. Proper nouns introduce identifiable entities to discourse. General nouns introduce identifiable or unidentifiable entities to discourse. Speaker sometimes encodes the familiar referents to be new entity due to the fact that speaker switches the perspectives.

Chapter 5 is the analysis of discourse anaphora. First, the chapter measures the distribution of anaphora when the antecedent is in three syntactic plots. The statistics indicates that discourse interval distances influence the anaphoric selection. Second, the chapter elaborately analyses zero, pronominal and nominal anaphora on the basis of the semantic trait of rhetorical structure, the syntactic feature of interval noun and the pragmatic property of the entities.

Data analysis leads to the following conclusion of discourse anaphora:

Zero anaphor refers to the entity that is in attention focus. The rhetorical structure and linear distances are very small. The noun interval distance usually is smaller than one. If there are potential interfering referents between the anaphor and its antecedent, the referents are not in the subject position, and do not break the linear topic chain between the anaphor and its antecedent. Zero anaphor refers to the important participants in the discourse.

Pronominal anaphor refers to the entity that is in attention focus or activated. The rhetorical structure and linear distances are small. (1) When the antecedent is in the subject and genitive positions, the noun interval distance usually is not bigger than one. If there are potential interfering referents between the anaphor and its antecedent, the referents usually are not in the subject position, and do not break the linear topic chain between the anaphor and its anteced- . ent. Pronominal anaphor refers to the important participants in the discourse. (2) When the antecedent is in the object position, the noun interval distance usually is zero. Pronominal anaphor refers to the less important participants when it maintains reference object, pronominal anaphor refers to the important participants when it switches reference object.

Nominal anaphor refers to the entity that is familiar. The rhetorical structure and linear distances are bigger. The noun interval distance usually is bigger than one. The potential interfering referents usually are in the subject position, and break the linear topic chain between the anaphor and its antecedent. Nominal anaphor refers to one of participants in the discourse.

Chapter 6 summarizes the argument of the book, points out the limitations of the research and the direction of research in the future.

KEY WORDS: chinese discourse; cognitive – activation model; anaphora

目　　录

第一章　绪论

第一节　研究对象

本书从说话者和语篇生成的角度研究叙述体书面语篇中的回指现象，它是言语交际过程中的一个重要问题。

回指（anaphora）这个术语来源于古希腊语 αναφορα，意思为 carrying back（使回想起）①。在当代语言学，它通常用来指两个语言单位之间的关系，其中一个语言单位的解释在某种程度上取决于另一个语言单位。克里斯特尔（Crystal）对回指下的定义是："语法描写中用来指一个语法单位从先前某个已表达的单位或意义（先行词）得出自身释义的过程或结果，是表明正在表达的和已经表达的两者所指相同的一种方式"（克里斯特尔，2000：19）。一般来说，人们把前一个语言单位称为回指语（anaphor），后一个语言单位称为先行词（antecedent）②。严格地讲，回指语并不是回指先行词本身，而是它同先行词指代同一语篇实体或概念③。

回指有广义和狭义之分（Chu，1998：282 - 3），广义的回指是指所有具有照应功能的语法形式，包括指代上文的语篇实体或概念的名词性、动词性、副词性、形容词性的词或短语。例如：

（1）（a）Did Mary paint the picture in New York?

---

① 参见 Huang（2000）第 1 页。

② 本章第五节将详细讨论这两个术语。

③ 陈平将回指对象（anaphor）定义为"回指形式（anaphora）在句子中指代的事物"，先行词定义为"在上文中出现，与回指对象指称相同的事物，叫做回指对象的先行词"（1991：182）。他对这两个术语的定义揭示了回指语和先行词的这种关系。

（玛丽是在纽约画的这张画吗?）

(b) Yes, She did it there.

（是的，她是在那里画的。）

(1b) 句中的代词 she、it，动词 did 和副词 there 都是回指语，它们用来指代 (1a) 中语言单位所指称的事物或概念。具体地说，she（她）和 it（它）是名词回指语，它的先行词分别是 Mary（玛丽）和 the picture（这张画），did 是动词回指语，它的先行词是 to paint（画），there 是副词回指语，它的先行词是 in New York（在纽约）。

狭义的回指是指照应上文的名词性的表达方式，狭义的回指形式可分为零形回指、代词回指和名词回指。用下面的例子来说明这三个概念。

(2) 林小枫_i到家时，宋建平_j已经回来了，ø_j 正在厨房里做饭。宋建平_j喜欢做饭并且有着不俗的厨艺。他_j总是头天夜里就把次日晚饭的菜谱构思好，ø_j 下午下班，ø_j 路过设在院儿里的菜摊时顺路就买了菜，ø_j 按照事先的构思买，一把小油菜，两个西红柿，一节藕，ø_j 只买一顿的量。既然有这么方便的条件，就该顿顿吃新鲜的。　　　　　　《中》

在例 (2) 中，第二个小句引入"宋建平"后，第三、第六、第七、第八、第九个小句的主语 ø，第四个小句的主语"宋建平"、第五个小句的主语"他"都回指"宋建平"。我们把"ø"、"他"、"宋建平"分别称为零形回指、代词回指和名词回指（第五章我们详细讨论这三个术语）。

回指可以分为句内回指和篇章回指，如果先行词和回指语处于同一个小句，可称为句内回指关系，或简称句内回指；如果先行词和回指语处于不同的篇章小句，可称为篇章回指关系，或简称篇章回指。例 (1) 和例 (2) 都是篇章回指。

为了缩小本书研究的范围，本书将重点研究语篇中有关指称人物、事物等词语的回指现象。具体地说，本书只探讨篇章中的零形回指、第三人称代词回指和实体名词回指。因此，本书属于狭义的篇章回指研究。

篇章回指是自然语言中最复杂的语言现象之一，它不仅是当前语言学研究的一个中心话题，而且还引起了哲学、心理学、认知科学和人工智能等领域的学者们的注意和兴趣。篇章回指同句法、语义、语用和认知等因素有密切的联系，合理地解释回指语的分布规律，不但有利于更好地了解叙述体语篇的组织原则，而且能在一定程度上揭示语篇的生成和理解机制。

第二节　研究目标

　　叙述体书面语篇由一系列事件组成，每一件事情都需要有人、动物或无生命的实体参与。一般情况下，一件事情要用一个或者一个以上的句子才能把它述说清楚，那些参与的实体不一定都会出现在每一个句子中，它们或者以显性或者以隐性（省略形式）的形式出现在句子中。用来指称语篇中实体的语言编码形式有零形式、代词、专有名词和普通光杆名词（bare noun）等各类名词性短语。那么，说话者第一次向语篇引入这些实体时，将用什么样的语言编码形式来指称它们？再次提及它们时，又用什么样的语言编码形式来指称它们？为什么同一语篇实体，在不同的语篇环境中有不同的指称形式？这些问题吸引了来自语言学、心理学、语言教学、人工智能等领域的学者的关注，在言语交际过程中，说话者如何选择指称形式是他们感兴趣的问题之一。学者们从不同的角度探讨了这个问题，而且取得了十分丰硕的成果。

　　本书在前人研究的基础上，立足于当代语言学理论和现代汉语的语言事实，围绕下面两个主要目标展开研究：（1）提出记忆激活的认知模式，确定影响说话者对指称语选择的一些关键因素。（2）运用认知激活模式解释叙述体语篇中说话者对指称语的选择，描述引入新实体以及回指已知实体时，篇章的语义和结构特征等语言因素同说话者的认知状态如何互动。

　　围绕着回指语在语篇中的分布特征这个问题，国内外学者从着眼于语言（句法和语义特征）因素已经转向着眼于非语言（认知和语用）因素，他们开始考虑说话者的因素在篇章回指中所起的作用。事实证明，忽略上面的任何一个因素都不能系统地解决问题。在篇章回指的研究中，将语言因素和认知因素结合起来不仅可能，而且必须。本书的研究目标就是朝着这个方向努力。从言语语言学的角度来看，这两个方面相当于言语过程

（认知心理过程）和言语结果（书面语篇）。本书将言语过程和言语结果结合起来研究，探索研究言语的语言学的可行方法。

第三节　基本假设和研究方法

不管是口头语篇还是书面语篇，它的生成是一个有目的的认知心理过程。其中，说话者对指称语的选择运用是这个过程中的一项子任务。在语篇的生成过程中，说话者往往先有一个宏观计划，也就是说，在他的头脑中将形成一个有层级组织的结构大纲；在言语发出时，说话者将这个宏观计划细化为微观计划，即细化为具体的言语，一句一句地说出来，选用指称语是执行微观计划的一项任务。

在本书中，我们假定，说话者在选用不同的指称语指称同一语篇实体时，取决于说话者对听话者当前共有的知识和认知状态（注意和记忆激活状态）的评估。其评估认知状态的基础是说话者自己建立的语篇模型（discourse model）和说话者自己的认知状态。

本书把语篇实体分为新实体和已知（或旧）实体两类，新实体指没有被说话者引入语篇模型的实体，它不在交际双方共有的知识之内，是听话者不熟悉的实体。已知实体则与之相反，指被说话者引入语篇模型的实体或者在交际双方共有的知识之内的实体，是听话者熟悉的实体。说话者在引入听话者不熟悉的新实体时，并不总是使用相同的语言编码形式来指称该实体，而是根据言语交际的目的、语篇推进的要求和该实体的重要性，选择使用不同的形态和句法手段来引入该实体。由于语言编码手段不相同，有的语篇实体能让听话者作为唯一的个体识别出来，有的实体能让听话者作为一个类别识别出来，有的只能作为某一类别中的一个个体识别出来。

说话者用哪种编码形式回指一个听话者至少熟悉的旧实体，将取决于说话者对听话者认知状态的评估。准确地说，是说话者对自己认知状态的评估，因为听话者往往以自己的认知状态为默认值来评估听话者当前的认知状态。当该实体高度激活时，说话者往往使用简省形式（零形式和代词）来指称它，当该实体激活的层次较低时，说话者使用名词形式来指称它。

在研究方法上，本书将采用理论假设和实证研究相结合的方法，理论假设用真实可靠的语料作支持。定量分析是本书采用的主要分析法，在运用定量分析方法时，我们注重分析名词短语类型和三类回指形式在语篇中的分布特征。

本书的研究取向是认知功能语言学。认知科学认为人类加工信息的过程主要是注意和记忆，它们是两个不同的，但密切相关的心理过程。本书把篇章回指作为语篇生成过程中的一项子任务，主张说话者选用何种编码形式取决于交际者的认知状态。功能语言学追求的是对语言现象的完全解释，而不是完全的预测，因此，本书提出的理论假设和得出的语法规律是倾向性的规则，而非毫无例外的规律。

第四节　语料说明

本书以现代汉语叙述体书面语篇作为分析语料，语料文本主要包括老舍的长篇小说《骆驼祥子》和《四世同堂》、吴克敬的中篇小说《状元羊》、王海翎的《中国式离婚》，语料累计约110万字。

本书选取以上小说文本作为分析语料，主要从以下四个方面来考虑：

（1）以上作家都是北方人，其中老舍是北京人，这些作品都是典型的白话文著作，可以作为现代汉语书面语的代表。

（2）小说是一种典型的叙述语体，语料具有典型性。

（3）分析书面语可以忽略口语中的语音因素（如语调、重音、语气），在语料分析过程中相对容易操作。

（4）国内外学者在研究篇章回指时，大多选取的语料或者是故事文本或者是广义的叙述文，本书选取与他们略有差异的语料，可以考察不同的文体在篇章回指的运用上是否有不同的语言规律。

在本书的写作中，为了行文简便，我们在文中标注引例出处时分别将以上四篇小说简作《骆》、《四》、《状》、《中》。本书在转引前人研究中使用过的汉语例子时，将一一注明出处。

第五节　术语界定

在学术研究中，对相同的研究对象使用不同的术语，这在任何学科中都是难免的。在语言学中，这种现象更是常见，不仅不同学科背景的学者对同一术语可能有不同的理解，而且都是语言学背景的不同学者对相同的术语也有不同的解读。诚然，使用不同的术语，有的反映出不同的观察视角，有的不涉及实质性的问题，仅仅名称不同而已。但是，如果相同的术语有不同的内涵，或者不同的术语有相同的含义，这将给我们的研究带来很大的麻烦，甚至会引起混乱。因此，在本书写作之前，有必要对本书中经常使用到的一些基本术语进行界定。

本节对回指语、所指对象、先行词、小句、篇章等基本术语进行界定，其他术语在本书相关章节涉及的地方再论述。本书对这些术语的界定，主要参照陈平（1987）、徐赳赳（2003）等文章，部分术语有改动。

回指语：回指形式在某个句子中指代的事物或者概念等，称为回指语。如例（2）第三个小句"ø_j 正在厨房里做饭"中的"ø_j"就是回指语，它指称的是第二个小句中的"宋建平"。

所指对象（referent）：语篇中某个词语所指的现实世界（或故事世界）中的某个实体就是所指对象。例如"宋建平"指的是《中国式离婚》这篇小说构建的故事世界中的主角。

先行词：在上文中出现，同回指语指称相同的事物的词语，称为回指语的先行词。如例（1）第二个小句中的"宋建平"就是第三个小句中的回指语"ø_j"的先行词。先行词可以是单个的词或者短语，本书统称为先行词。

小句和句子：小句和句子是组成语篇的一个重要的和基本的语言单位，也是语篇分析中要考虑的一个重要的句法和语义结构因素。本书确定一个语言单位是小句和句子的标准是：包含一个主谓结构（包括主语为零形式）以上，用逗号断开的语言单位是小句；用句号、问号、省略号、分号等断开的语言单位是句子。对小句和句子的界定包含两个标准：第一，语言单位的语法结构是主谓结构；第二，在书面上有标点符号做标记。按照这个标准，现代汉语语法上讲的"连动句"、"兼语句"等语言单位既是一个篇章小句，也是一个句子。

语篇：本书用"语篇"统称"篇章"和"话语"。为了同引用的文献接轨，文中有时也会使用"篇章"或"话语"这两个术语，除特殊说明之外，它们等同"语篇"。

一般来说，可以从形式或结构的角度给"语篇"下定义，也可以从功能的角度给"语篇"下定义。从结构方面看，语篇是大于句子的言语单位。从功能方面看，语篇是使用中的语言，在交际过程中，语言的意义是根据语境来确定的。

本书汲取了功能语言学和言语语言学的观点，将"语篇"界定为由两个或两个以上的句子构成的、在一定的语境下运用的、在意义上连贯完整的言语交际单位。语篇包括口语和书面语，它是说话者/作者对语言运用（说或写）的结果，属于言语范畴。语篇的基本单位是句子，各句子之间以及整个语篇结构在意义上连贯完整。

第六节　本书章节安排

本书的第一章绪论，主要介绍本书的研究对象、研究目标、理论假设、研究方法和语料来源，并对本书使用的一些常用术语进行界定。

第二章语篇回指研究，主要综述国内外篇章回指的研究状况，首先简介国外学者从不同的角度对篇章回指所进行的研究，然后概述国内学者对现代汉语篇章回指的研究。

第三章是认知激活模式的理论建构，论述该模式的理论基础和假设。

第四章是语篇实体的引入，主要分析说话者首次和再次引入语篇实体时所采用的形态和句法手段。

第五章是篇章回指分析，首先分别从回指语形式和先行词的句法位置对回指进行分类，接下来依次考察先行词位于主语、宾语和领属语三种句法位置时的回指现象。

第六章结语，总结本书的主要观点，并指出研究的局限和今后进一步研究的方向。

第二章　语篇回指研究

近 30 年来，回指研究引起了语言学界许多学者的广泛兴趣，不同流派不同学科背景的学者都把它作为研究的重点之一，他们从句法学、语义学、语用学、功能认知、类型学等不同的角度，对句内回指和篇章回指进行了深入广泛的研究。篇章回指关注的中心问题是回指形式的分布，对于任一语篇实体来说，理论上，说话者可以用一组可能的语言编码形式来指称它，然而，在语篇生成的动态过程中，说话者总是选择一个合适的、而不是任意的形式回指该语篇实体。为了回答这个问题，国内外学者先后提出了许多制约回指语选择的因素，形成了三种主要的研究方法和理论模式：话题连续模式、语篇层级模式、认知模式（Huang，2000；Tomlin，2007）①。

本章第一节、第二节、第三节分别介绍以上三种模式的理论观点和研究方法，第四节介绍国内外学者关于现代汉语篇章回指的研究状况。

第一节　话题连续模式

话题连续模式以基翁（T. Givón，1983）为代表，它的理论基础是回指形式的编码基本上取决于话题连续性。话题连续性主要由以下三个因素来测定：（1）线性距离，测算先行词和回指语之间嵌入的从句和句子的数量；（2）潜在的干扰，测算先行词和回指语之间介入的所指对象（语篇实体）的数量；（3）话题的持续性，测算话题在语篇中能够保持多远。其中，先行词和回指语之间的线性距离被认为是制约回指形式选择的最重要的语篇条件，所以该模式又称为距离模式（Tomlin，1987；Huang，

---

① Huang（2000）还提到以 Levinson（1987）为代表的语用模式。由于该模式的研究对象以句内回指为主，所以本书没有将它作为一种模式加以介绍。

2000）。话题连续模式预测，如果线性距离短，潜在的竞争对象少，话题连续得远，将用零形式或者代词回指话题；相反，如果线性距离长，潜在的竞争对象多，话题不连续，将用名词性短语回指话题。基翁根据测算的结果，不同回指语能够按照层级重新排列，形成话题连续性/可及性等级（topic continuity/accessibility hierarchy）。排列如下：

连续性最强/最可及的话题

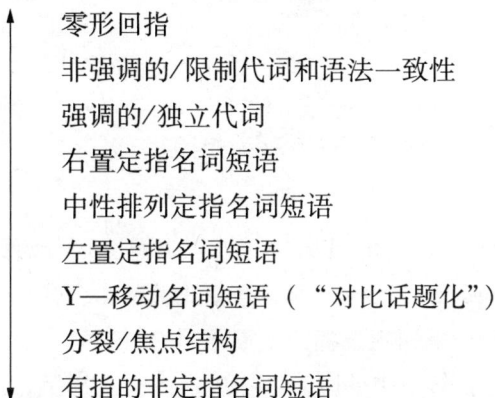

零形回指

非强调的/限制代词和语法一致性

强调的/独立代词

右置定指名词短语

中性排列定指名词短语

左置定指名词短语

Y—移动名词短语（"对比话题化"）

分裂/焦点结构

有指的非定指名词短语

连续性最弱/最不可及的话题

有许多跨语言的证据支持话题连续模式，基翁和他的同事研究过许多在类型和结构上不同的语言，如英语、日语、希伯来语、西班牙语。研究结果表明在叙述体和日常会话语篇中，话题延续性和回指形式编码确实有密切的关联。学者们对汉语的研究同样也支持以上结论。例如李讷和汤普森（Thompson，1979）指出，在汉语语篇的"话题链"中，零形回指出现的频率最高。陈平（1986：120）也指出①，当所指对象同它上次提及的距离短时，倾向于用简略形式（零形回指或代词回指）编码所指对象；当距离增大，有可能用更加明确的形式（名词回指）编码所指对象。陈平的统计数据同样也支持"潜在的干扰"因素，当先行词和回指语之间没有介入所指对象时，往往选择用零形回指；当介入所指对象时，往往用代词回指或者名词回指。

话题连续模式从语言形式上揭示了篇章回指的一些规律特征，从一个侧面反映了制约回指形式的语篇条件。它的分析方法对后来学者研究篇章回指有很大的影响，如阿里尔（Ariel，1988）将间隔距离和竞争性作为

---

① 下文引用 Chen, Ping（1986）时，用其中文名"陈平"。

影响可及性的两个因素。但是，仅仅根据线性距离和介入的所指对象解释回指形式的选择会遇到下面具有挑战性的问题：尽管先行词和回指语之间的距离很短，还是会出现名词回指；同样，虽然先行词和回指语之间的距离比较远，但是会出现零形回指或代词回指。

在线性距离和回指形式之间的表层对应关系背后，有更深层的认知原因。基翁（1990：914）后来也认为"在各种语篇条件下，指称编码的语法机制可以解释为心理过程留下的详细说明"。

第二节　语篇层级模式

语篇层级模式的代表人物是福克斯（Fox，1987），其他学者如海因兹（Hinds，1979）、朗埃克（Longacker，1979）等。该模式的基本主张是语篇的层级结构（或修辞结构）是影响回指选择的最重要因素，当某个语篇实体用名词形式引入语篇之后，在接下来的同一结构单位内再次提及时，用零形式或代词指称它，一直到该情节或者段落的边界，或者遇到其他语篇单位为止；当语篇实体跨过情节边界之后，将用名词形式指称它。更简单地说，对于某一指称语，当它跨越一个新的结构单位，说话者将选择用名词形式，当它还保持在一个结构单位之内，说话者将选择用零形式或代词形式。语篇结构单位可以是话轮（turns）、段落、情节、事件和主题等形式。

福克斯采用两种模式描写回指编码和篇章组织之间的关系："上下文决定运用（context – determines – use）"和"运用完成上下文（use – ac-complishes – context）"。她认为语篇结构决定具体回指形式的选择，与此同时，回指形式的运用结果建立了具体的语篇结构模式。她运用三种层级模式分析三类文体的语篇，即修辞结构分析说明文，故事结构分析叙述文，会话结构分析非故事会话语篇。

等级模式的主要优点在于它克服了话题连续模式只重视线性距离的缺陷，从语篇的语义结构的角度来解释回指形式分布的原因，同时也兼顾了线性距离因素。因此，话题连续模式不能解释的问题，它能够做出合理的解释。请看下面的短文：

（1）林小枫是回来给当当拿落在家里的《小学生字典》的。那夜之后，林小枫再次回了娘家，并且，前所未有的，带走了儿子。从前吵架回娘家她从来不带儿子，就是要留给宋建平带，就是要用这种方法让他感觉到她的重要她的存在。（《中》）

上文中，第一句和第二句之间没有嵌入小句，也没有介入新的人物。然而，第二句却用同形的专有名词回指"林小枫"。此处的回指现象超出了话题连续模式的预测，但是它支持层级模式。因为，第二句是叙述一个新的情节，时间、地点和事件与第一句都不相同。

语篇层级结构虽然是制约回指形式的重要因素，但是情节模式也存在两个关键性问题：

第一，有很多例外的情况，名词不仅出现在某一情节的开始，而且也能出现在该情节之中；与此类似，代词也能跨过某一情节的边界而出现在下一个情节单位。请看下面的短文。

（2）林小枫$_i$在街上走，沿着马路，漫无目标，生活都没有目标了。边走，泪水边止不住地流。走累了，就在一个街边健身小区的椅子上坐下。肚子很饿，也渴，身上没钱。还不能去妈妈家，不想再让他们为自己操心。更不想回自己家，那么逼仄的空间，那么漫长的黄昏，那么相悖着的两个人……

一个人推着自行车来到了她$_i$面前。她$_i$没有抬头，她$_i$已经知道了那人是谁……（《中》）

第二段是一个新的段落，叙述新的情节和事件，但是第一句、第二句和第三句都是用代词回指"林小枫"，而没有用名词形式。

第二，给语篇结构单位（如段落、片断、情节或事件）的边界下一个具有可操作性的定义，还存在很多困难。更重要的是，在认知语言学家看来，层级结构对回指选择的影响可能是人类有限的认知能力受到限制而在表层结构上表现出来的结果（Tomlin，2007）。

第三节　认知激活模式

从认知角度研究篇章回指可以分为两类：第一类是认知激活模式，代表人物有普林斯（Prince, 1981）、切夫（Chafe, 1974, 1976, 1987, 1994）、阿里尔（1988, 1990, 1991, 1994）、冈德尔（Gundel 等人, 1993）、汤姆林（Tomlin, 1987, 1997, 2007）、基布里克（Kibrik, 1996, 1999）；第二类是概念参照模式，代表人物有范霍克（van Hoek, 1995, 1997）。

激活模式的基本主张是回指形式的编码取决于所指对象在交际者大脑中的认知状态（即记忆和注意状态），如果所指对象激活的程度高，那么将用零形代词或者代词回指它；如果所指对象激活的程度低，那么将用名词短语回指它。本节将介绍认知激活模式的相关研究。

普林斯的熟悉层级：普林斯（1981）用"假定熟悉"（assumed familiarity）这个术语代替"已知性"。她把篇章视为"一组关于如何构建一个特定语篇模型的指令，该模型将包含一组语篇实体，实体的属性和彼此之间的联系"（1981：235）。普林斯根据说话者假定听话者对语篇实体在提及的那一刻的不同的信息状态，提出一个语篇实体的熟悉层级（Familiarity Scale）（1981：245）：

熟悉（Familiarity）……不熟悉（Non – Familiarity）

语篇或情景唤出的（Textually or Situationally Evoked）>未使用的（Unused）>可推测的（Inferable）>保持可推测的（Containing inferable）>全新锚定的（Brand – new anchored）>全新未锚定的（Brand – new unanchored）

上图表示语篇实体的信息状态从完全未知（全新实体）到语境中完全已知（语篇或情景唤出的实体），下面用普林斯（Prince）使用的例子说明以上的信息状态：

（3） a. I bought a beautiful dress yesterday.

（我昨天买了一件漂亮的衣服。）

b. A rich guy I know bought a Toyota.

（一位我熟悉的有钱的小伙子买了一辆丰田车。）

c. One of the people that work at Penn bought a Toyota.

（在宾夕法尼亚工作的人中的一位买了一辆丰田车。）

d. I got on a bus yesterday and the driver was drunk.

（昨天我乘公交车，司机喝醉了。）

e. Noam Chomsky went to Penn.

（乔姆斯基去宾夕法尼亚了。）

f. Susan went to visit her grandmother and the sweet lady was making Peking Duck.

（苏珊去拜访她的奶奶，那位慈祥的太太正在做北京烤鸭。）

g. I bought a Toyota yesterday.

（我昨天买了一辆丰田车。）

（3a）中的 a beautiful dress 是全新实体，它是说话者假定听话者不知道的一个实体。

（3b）中的 A rich guy I know 是全新锚定的实体，它同语篇中其他实体（至少有一个不是全新实体）有联系。

（3c）中的 one of people that work at Penn 是保持可推测的实体，它是集体中的一员。

（3d）中的 the driver 是可推测的实体，听话者通过上文的 a bus 可以推测该实体，因为公交车有司机。

（3e）中的 Chomsky 是未使用的实体，说话者假定听话者在百科知识中已有的，但在语篇中从未提及的一个实体。

（3f）中的 the sweet lady 是语篇唤出的，回指上文的 her grandmother。

（3g）中的 I 是情景唤出的，是言语交际中的一方。

普林斯的熟悉层级分类法中，篇章唤出的实体所指的范围不具体，没有区分力度。根据普林斯的观点，当语篇引入一个实体以后，如果重新引入该实体或者有一个与该实体同指的名词短语，那么该实体是语篇唤出的或者可推测的实体。实际上，这两类实体的熟悉程度相差很大，这样处理也不完全符合普林斯对可推测的实体的界定和熟悉层级①。这使得不少学者在此基础上不断修改和完善。

切夫的激活理论：（1976：30）把已知性同言谈者的意识联系起来，他主张已知信息应该定义为"在说话时，说话者假定在听话者的意识之中的知识"。新信息是"说话者假定通过他的说话内容引入听话者意识中的知识"。切夫（1987）在他的信息流（information flow）模式中，修改了他（1976）的新旧信息二分法，将信息状态三分，并使用新的术语代替新信息和旧信息：

---

① 普林斯在确定"未用实体"的熟悉层次时，有些犹豫。在该文第235页，将它归为新实体，但在第245页，排在"唤起的实体"之后，"可推测的实体"之前，似乎作已知实体对待。

激活 (activation) 状态：活动的 (active) >半活动的 (semi – active) >惰性的 (inactive)

活动概念是当前激活的、在人的意识中心 (focus of consciousness) 的概念；半活动概念是在人的意识边缘 (peripheral awareness)，有背景意识，但不是被直接集中的概念；惰性概念是当前在人的长期记忆中，既不在活动的中心，也不在活动的边缘。

根据切夫 (1987：29) 一个概念成为半活动状态，有两种途径：去激活 (deactivation) 和通过图式联想的途径。前者是先前激活的概念没有被唤起而成为半活动的过程；而后者是先前惰性概念由于同一些活动概念联合，形成一组互相关联的被期待的事物，从而成为半活动概念的过程。

切夫激活理论中的概念都是存在于人 (说话者和听话者) 的长期记忆或者短期记忆中的概念，而对语篇中说话者向听话者引入的新概念缺少说明。言语交际不仅要建立已知概念之间的关系，也可能涉及听话者记忆系统中没有储存的新概念。

切夫所指的活动状态不是指所指对象 (或语篇实体)，而是客体、事件和特征的概念。当然，在多数情况下，根据概念可以找到与之联系的语篇实体。切夫对已知性界定的范围比较狭窄，他只将当前实体 (或者情境唤出实体) 视为已知的，认为已知实体的特点是"已激活的"，且在听话者的意识之中。

阿里尔的可及性理论：阿里尔在普林斯 (1981) 的熟悉层级、基翁 (1983) 话题连续层级的基础上，吸收语用学的关联理论，提出可及性理论。该理论假设指称语 (referring expression) 和它指称的心理实体 (心理表征) 有密切的关联，指称语在指称某一语篇实体的同时，还标示实体表征的可及性。实体表征的可及程度，同它在大脑记忆系统中的激活状态和激活程度相对应，所以不同形式的指称语标示实体表征的不同可及程度。阿里尔 (1988) 将可及性标示语分为三大类：

（1）低可及性标示语，那些最初用于指称百科语境中的某个实体的指称语，如专有名词和有定描述语。低可及性标示语标示的实体储存在长时记忆中。

（2）中可及性标示语，那些最初用于指称有形语境中的某个实体的指称词语，如指示代词。

（3）高可及性标示语，那些似乎只用于指称语篇语境中的某个实体

的指称词语，如代词及其零形式。高可及性标示语标示的实体储存在短时
记忆中。

　　这三大类可及性标示语中的每一类又可以进一步区分，这些标示语形
成一个可及性标示语连续体。阿里尔称之为可及性标示层级（Accessibili-
ty Marking Scale）。图示如下（引自阿里尔，1994：30，有删减）：

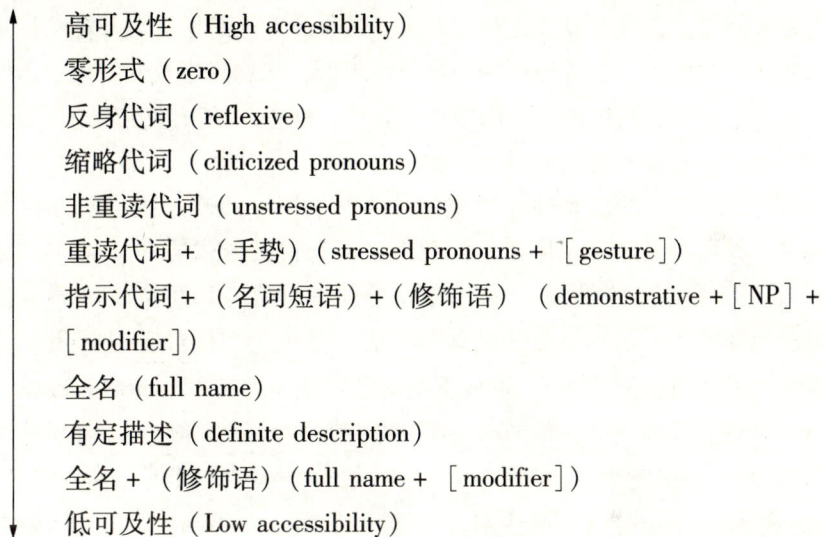

高可及性（High accessibility）

零形式（zero）

反身代词（reflexive）

缩略代词（cliticized pronouns）

非重读代词（unstressed pronouns）

重读代词 +（手势）（stressed pronouns + ［gesture］）

指示代词 +（名词短语）+（修饰语）（demonstrative + ［NP］ +
［modifier］）

全名（full name）

有定描述（definite description）

全名 +（修饰语）（full name + ［modifier］）

低可及性（Low accessibility）

　　阿里尔指出，上图的可及性标示层级虽然是用以说明英语语料的，但
它具有普遍性。当然，由于不同语言的指称语存在一定程度的差异，某些
指称语在可及性标示层级上的具体位置可能有所不同。

　　阿里尔（1988）指出影响先行词可及性的四个要素：（1）距离，指
先行词与回指名词性短语之间的距离。如果先行词与回指语之间的语篇间
隔距离短，可及性就高；反之则低。（2）竞争度，指在语篇中可竞争为
先行词的数量，数量越多，可及性越低。（3）显著性，指作为先行词的
指称语在句子或语篇中的显著性，主要在于指称语是不是话题。（4）一
致性，指先行词是否与回指语处在同一个认知框架/世界/观点/语篇片段
或段落中。

　　阿里尔（1988）提出可及性的三项编码原则：（1）信息量（informa-
tivity），指称语提供的词汇信息的总量；（2）确定性（rigidity），指称语
能够从潜在可选的实体中指明某个实体的能力程度；（3）简约度（degree
of attenuation），指称语的语音形式的大小。这三项原则可以归结为：可及
性标示语表达的词汇信息越小，指称的实体越不确定，语音形式越简

约，可及性越高；反之亦然。阿里尔也看到了上图的有些标示语并不符合这三项原则，她将这种形式和功能不对称的现象归之为可及性编码的任意性。

可及性理论把记忆状态、语境类型、语篇条件、语用知识等因素联系起来解释回指语的分布，有很强的解释力。同其他模式一样，可及性理论也存在问题。首先，有些先行词的可及性很高，但是用低可及性的标示语回指它；类似的，有些先行词的可及性很低，却用高可及性的标示语回指它，这些反例尤其出现在句内回指。其次，阿里尔的可及性理论以听话者为立足点，没有考虑说话者的因素。

冈德尔等人的已知性等级理论：冈德尔等（1993）提出已知性层级理论，其主要理论前提是"不同的限定词和代词形式通常（conventionally）标示不同的认知状态（位于记忆中的信息状态和注意状态）"。他们提出六种同英语指称语相关的认知状态，并把它们从最上限（焦点）排到最下限（可识别的类），形成下图的已知性等级（Givenness Hierarchy）：

焦点 <	激活的 <	熟悉的 <	唯一可识别的 <	有指的 <	可识别的类
in focus	activation	familiar	Uniquely identifiable	referential	type identifiable
人称代词	指代词（+名词）	近指代词+名词	远指代词+名词	不定指代词+名词	不定冠词+名词
it	that, this, this N	this N	that N	indefinite this N	a N

上图的每种认知状态是合适地使用不同指称语的充分必要条件，这些状态之间是蕴涵关系，每种状态蕴涵比它低的所有状态（右边的状态），反之不然。例如，一个在焦点状态的实体必然也是激活的、熟悉的、唯一可识别的、有指的、可识别的类；然而，不是所有熟悉的实体是激活的或者在焦点状态。相应地，人称代词只能指称焦点状态的实体，而"不定冠词+名词"可以指称所有状态的实体。

冈德尔等人通过对现代汉语、日语、俄语和西班牙语四种语言的研究，指出已知性等级具有普遍性。冈德尔等用格赖斯（Grice）的数量准则解释回指语在语篇中的真正分布情况，"使你提供的信息量满足（当前交谈目的）所需"和"不要使你提供的信息量超出所需"两条数量准则制约指称语的合理分布。冈德尔等人像阿里尔一样，将听话者的认知因素和说话者的语用因素结合起来说明回指语的分布规律，使得他们的理论有较强的解释力。但是，该理论还没有充分考虑到说话者的认知因素，以至于出现看起来激活的语篇实体用名词形式回指它，没有激活的语篇实体用代词形式回指它。

第四节　汉语的篇章回指研究

　　前三节简要介绍了篇章回指研究的三种模式，这些研究的主要语料是英语。国内外学者对汉语篇章回指的研究也非常深入，在充分吸收国外语言学理论和方法的同时，力争创新，取得了不少令人可喜的成果。根据时间先后，有影响的著作有李樱（Li，1985）、廖秋忠（1985，1986）、陈平（1986，1987）、黄衍（Huang 1991，1994）、Li 和 Zubin（1995）、徐纠纠（2003）、许余龙（2004）、王义娜（2005）等学者的专著和文章。下面重点介绍在研究理论方法和研究视角上有代表性的学者及其研究成果，其他学者的研究将随文介绍。

　　陈平：篇章语用功能。陈平（1986）的博士论文从说话者的角度（addresser - oriented）研究叙述体语篇的所指对象的引入和跟踪手段，分析说话者在编码回指语时各种因素如何互动。在全面考察"梨子的故事"的汉语录音和其他语料之后，陈平（1986：247）得出下列结论：

　　选择某一特定类型的回指编码形式，依赖于所指对象的可识别性和值得注意度，以及回指语出现的语篇和先行词所在语篇的连续性。通常情况下，由于汉语的零形回指和代词回指几乎或者完全没有区分力，所以只要有足够的语言或者语言外的信息，就可以清楚地识别回指语，构成叙述体语篇中零形回指或代词回指使用的先决条件。假若这个前提成立，那么根据我们在前文提到的几个语篇整个原则，所指对象出现在连续性高的语篇中时，使用零形回指；或者由于在情节中不显著，或由于回指语所在小句的附属地位以至于可忽略，而且这种忽略的可能性高时，使用零形回指。当所指对象出现在被次要停顿标示的语篇，并且该所指对象特别值得注意时，使用代词回指。另一方面，由于先行词和回指语之间的距离较远和/或有所指对象介入，而使所指对象难以确认时，使用名词回指；或者当包含所指对象的语篇同先前的语篇之间的连续性被主要停顿标示时，使用名词回指。

下面我们用陈平使用的例子加以说明：

(4) a. 农夫采了一大堆果子，

　　b. ø 然后下来。

　　c. ø 下来以后，

　　d. 他一数……　　　　　　　　　　　　　　　　　（陈平，1986：208）

陈平认为，上例中使用代词"他"而不使用零形回指"农夫"，是因为"他"指称的对象值得注意。陈平认为"他"在此不是次要停顿，因为句子的实际停顿是在（4b）和（4c）两个小句之间。然而，按照句子结构，（4c）是附属结构，而（4d）是中心结构，附属结构中的回指语可忽略性高，中心结构中的回指语更值得注意，因此，（4d）用代词回指，（4c）用零形回指。

陈平认为，人们生成和理解话语的生理—心理活动，包含着一系列极其复杂的判断和推理过程。在这些过程中，往往要调动储存在我们头脑里的各个方面的语言信息和非语言信息。确认零形回指、代词回指对象的先行词，涉及受话人对相关词语和句子的各种词汇、语义、句法、语用知识，是多种因素交互作用的结果。

徐赳赳：篇章结构特征。徐赳赳的《现代汉语篇章回指研究》（2003）重点研究了汉语的零形回指、代词回指和名词回指这三种回指形式的各种篇章特征，该书把零形回指研究的重点放在句内回指，汉语中典型的句内零形回指出现的句型是"连动句"，作者从句内和篇章两个角度探讨多动词句子内零形回指特征发现，语用和语义（这里主要指句子中动词的意义）是判别多动词句子中的零形回指对象所指对象的主要因素，句法（这里主要指句子的语法结构）处于次要的位置。

在代词回指研究方面，该书重点研究了汉语第三人称代词"他"。研究结果表明，尽管代词在篇章中是按照线性排列依次出现的，但还是表现出层次关系，代词比名词低一层次，代词单位在篇章中也是循环出现的。同时，代词在篇章中的分布除要受到人物变换的制约、故事情节的制约、时点和时段的制约、连接词的制约和结构的制约等，还要受到语用因素的制约。

在名词回指研究方面，该书先把名词回指分为同形回指、部分同形回指、同义回指、上下义回指和比喻回指五类，然后比较研究它们的分布特征。

由于该书是作者长达十余年篇章回指研究成果的汇总，其研究理论和研究方法没有始终保持统一，文章出现了一些不一致的地方。

许余龙：功能语用探索。许余龙《篇章回指的功能语用探索》（2004）运用功能语用理论，从篇章回指理解的角度研究回指确认原则，认为篇章中指称词语内在的形态和语义特征、句法功能以及篇章语义和语用功能，为篇章回指理解提供了最重要的基本信息。作者首先建立了一系列关于主题的概念，把主题分为主题、副主题、期待主题、期待副主题、期待主题堆栈等，用于识别、跟踪和更新那些在篇章处理的某一刻对回指理解最为相关的篇章实体；然后以指称词语的内在形式语义特征及其句法和篇章功能为基础的回指语分类体系，将回指语分为高可及性标示语、中可及性标示语、低可及性标示语三大类型，用于确定回指语表达的指称对象的可及性。

根据以上两大要素之间的相互作用，作者提出了如下理论假设：在篇章理解的某一刻，（1）篇章中使用一个高可及性标示语提示，其指称对象是篇章当前主题或期待主题；（2）篇章中使用一个中可及性标示语提示，其指称对象是篇章中刚被取代的主题（即主题堆栈中的第一期待主题）或期待副主题；（3）篇章中使用一个低可及性标示语提示，其指称对象是篇章中一个被取代已久的主题（即主题堆栈下层的一个期待主题），表示主题转换。

作者利用自建的民间故事语料库，对上述理论假设进行验证，结果显示，以上提出以一表层语言提示为基础的篇章回指确认原则，可以满意地解释语料中出现的绝大多数指称词语表达的回指关系。

王义娜：概念参照视点模式。王义娜（2005）根据朗埃克（1993）的舞台模型和概念参照模型，借鉴卡伦·范霍克（1997）的概念参照点模式，提出概念参照视点模式。该模式的理论前提是话语的主观性和实体的可及性共同制约指称语的选择。她认为指称选择不只是实体可及性的具体体现，而且是发话人主观因素或视角变化的影响结果，除了受话人的认知状态之外，发话人或篇中人物的主观视角对指称选择同样具有关键作用。

王义娜提出制约语篇指称选择的三大因素：（1）概念凸显性（conceptual prominence），在包含概念实体 X 和 Y 的语境中，如果 X 概念凸显性相对较高，则倾向于被确立为参照点。（2）概念关联度（conceptual connectivity），目标概念 Y 的编码形式需要根据与概念参照点 X 的关联强度进行选择。（3）视角定位，不同视角领地内的概念实体要通过与该视角的认知联系加以定位，即认知主体 C 要在视角参照点 X 的制约下对指称概念 Y 的编码形式进行选择。

该模式的运行机制为：通过概念实体的相对凸显性和概念实体之间的概念关联度确定参照视点及其领地范围并借以对目标概念进行定位或解释，概念参照视点定位主要取决于指称实体的语义凸显，参照点的领地范围主要取决于概念关联度。该模式的一条主要原则是：概念之间的关联度与指称编码形式的复杂性之间呈现反比规律。与参照点 X 的关联度越密切，目标实体 Y 就越接近认知主体的主观背景语境核心，与 X 的概念距离就越近，所需的指称编码信息量就越少；指称形式也就越简省；反之亦然。

王义娜（2005：87）用图 2 - 1 表示指称语选择机制：

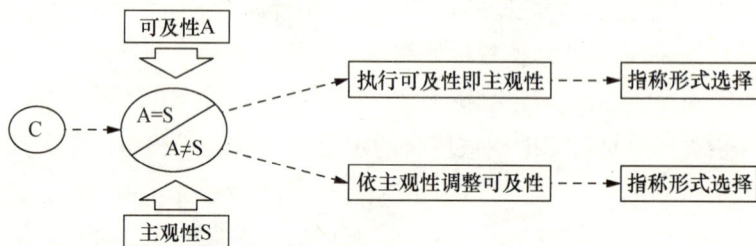

图 2 - 1

（1）当 A = S，即可及性同主观性相一致时，指称形式选择遵守可及性/主观性层级。可及性和主观性越高，越是使用简省的指称形式。名词短语执行指称功能。

（2）当 A ≠ S，即可及性和主观性不一致时，按照主观性调整可及性：（a）在 X/Y 一致的情况下，倾向于选择简省形式；（b）在 X/Y 不一致的情况下，根据视点（point of view），越主观，越使用简省形式。Y 执行表达或者指称任务。

下面用王义娜使用的例子来说明以上选择机制：

（5）那次，李鸿章（X_1）来到天津，地方的府县道台（Y_1）费尽心思，ø（Y_2）究竟拿嘛样的吃喝才能把中堂大人 X_2 哄得高兴？

王义娜认为，在例（5）中，X 在话题性上比 Y 凸显，但在视点上没有 Y 凸显。因此，由观察者 Y 建立的心理空间来解读概念，X 的情景概念在心理空间的外部。所以，在接下来回指 Y 时用零形式，回指 X 时，选择用全称名词短语"中堂大人"。

第五节　小结

本章简要地回顾了国内外关于语篇回指的研究状况。研究者运用不同的语言理论，采用不同的研究方法，从编码的角度解释回指语的分布规律，从解码的角度回答回指语的确认机制。总之，他们的研究无论从广度还是深度都在不断地拓展。由以上所述，我们可以看出，学者们在充分描写的基础上，其解释的取向由语言逐渐转向言语，即以句法、语义和篇章结构为主导转向以语用、认知和功能为主导（见表 2 - 1）。

表 2 - 1

研究取向	研究模式	参数特征同回指语编码形式之间的关联		
语篇结构特征制约	距离模式	距离近……………………距离远		
		简省形式	>	明确形式
	层级模式	同一层级……………………不同层级		
		简省形式	>	明确形式
认知制约	激活模式	激活程度高……………………激活程度低		
		简省形式	>	明确形式
	参照模式	高主观可及性……………………低主观可及性		
		简省形式	>	明确形式

尽管各种理论模式在研究视角上有着明显不同，但在实际操作的过程中，还存在许多交叉、互补的地方。这一方面表明各种模式是在相互吸收和借鉴的基础上发展；另一方面提醒我们，篇章回指研究不能忽视语言事实和语言基本规律。

以往的研究通过描述人类多种语言的回指现象，揭示了篇章回指的某些规律，为本书的研究奠定了坚实的理论基础，为跨语言的比较提供了宝贵的材料。但是，我们认为还存在以下问题：

（1）语言是人类的交际工具，也是说话者认知的结果。在语言研究中，我们将交际者的认知因素和语篇的结构要素结合起来研究不仅可能，而且必需。目前的研究还没有很好地把这两个因素整合起来解释回指现象①。多数学者在研究篇章回指时，侧重某一方面或者某些因素，因此一旦把研究结论放到语言事实进行检验时，就会出现许多不能解释的例外现象，其解释力自然大打折扣。陈平在《现代汉语篇章回指研究》的《序》中指出，"语言学家的研究目的往往并不局限于回指现象本身，而是试图通过对回指现象的研究，探讨有关句法结构和话语篇章结构的特点，以及句法、语义和篇章及语用因素之间的相互关系"②。本书还要补充和强调一点，需要探讨句法、语义和篇章及认知功能因素之间的相互关系。

（2）距离或者层级理论模式中，哪些语篇因素制约回指语的分布，学者目前还没有达成共识。研究结论都表明先行词和回指语的间隔距离是一个非常重要的因素，但是用哪些参数来测算间隔距离，研究者确定参数的方法和数目不同。确定哪些参数最合理，需要进一步讨论。先行词在句法和语用上的显著程度有助于它在语篇中的显著性，句法和语用的显著性怎样确定，还需要进一步研究。

（3）认知激活模式中，研究者虽然具有相同的理论宗旨，实际上对认知状态的分类标准各不相同，不同学者所用的术语繁多，这些术语交叉重叠。对于指称语的形式同认知状态之间是一一对应，还是一对多的关系，他们之间还存在争论。认知激活模式以指称语为研究中心，没有回答如下问题：哪些关键因素影响说话者对实体的认知状态？也就是说，激活的实体怎样由最高激活状态到最低激活状态，或者由最低激活状态到最高激活状态？

（4）以往的学者对先行词的研究范围集中于主语位置上的名词短语，对非主语位置上的名词短语缺乏详尽的考察。理论上，不管是哪个句法位置上的名词短语，只要在语义上"有指"（referential），它们都指称语篇中的某一实体，在接下来的语篇中都有可能被用不同的形式回指。只有经过系统地考察每个句法位置上的名词短语，比较它们被回指时呈现出的规

---

① 陈平（1986）、阿里尔（1988）、基布里克（1996）做出了有益的尝试。

② 徐赳起：《现代汉语篇章回指研究》，中国社会科学出版社 2003 年版，第 1 页。

律，才能得出全面而非片面的结论。

（5）篇章回指普遍存在于人类语言，它既有共性也有个性。跨语言研究的结论表明：不同语言回指方式的多样性，指称语类别的复杂性等方面的原因，决定回指语分布规律的差异性。例如，英语代词回指比汉语代词回指出现的频率高，但是英语零形回指比汉语零形回指出现的频率低。因为英语零形回指的使用限制比汉语要严格得多，英语大部分代词回指在汉语中用零形回指。因此，基于英语语料研究得出的结论是否适用于汉语，还需要用汉语事实来验证。我们搜集的文献资料表明，目前运用认知激活模式研究篇章回指的文献散见于单篇文章，对现代汉语的研究更是寥寥无几。因此，本书的研究能起到一定的填补作用。

第三章　认知激活模式的理论建构

第二章回顾了国内外篇章回指研究的理论和方法，我们主张应该将说话者的认知因素和语言要素结合起来，解释语篇实体的认知状态如何影响指称语的选择运用。本章第一节将讨论从指称的方式和指称的语义两个角度对指称进行的分类；第二节介绍两个语篇生成的理论模式；第三节论述语篇实体认知状态的分类及说话者判定听话者认知状态的基础；第四节初步讨论语篇实体的认知状态同指称语选择运用的对应关系；第五节提出影响语篇实体认知状态的一些关键因素；第六节总结本章的主要内容。

第一节　指称及其分类

指称是哲学和语言学都关心的问题，但这两个学科研究指称的目的不同，因此对相同的名词性成分①观察和解释的视角也不同。哲学研究指称的目的之一是确定句子命题的真假值。就指称而言，如果名词性成分指称的对象是说话者所亲知的，该名词性成分做主语的句子的命题就有真值，否则句子的命题就没有真值。也就是说，如果名词性成分不指称真实世界（real world）中的一个对象，就没有真值（王红旗，2001）。语言学则研究名词性成分同所指对象的对应关系，关心说话者如何使用指称语、听话者如何理解指称语。对语言学家来说，名词性成分所指的对象是否被说话者亲知并不需要考虑，需要研究的是名词性成分同真实世界或者可能世界中的事物之间的联系。名词性成分是否指称某一事物，即是有指还是无指；是首次指称还是再次提及某事物，即是不是回指；指称语的形式和功能之间的匹配关系；说话者选择运用指称语的机制和规律等。

---

① 名词性成分包括代词、名词和名词词语。

本节首先介绍韩礼德和哈桑（Halliday and Hasan，1976）关于指称方式的分类，接下来讨论指称在语篇中可能有的各种语义和语用性质，重点论述它们同回指的关系。我们准备从较为通行的指称分类的角度展开探讨，全面深入地阐述指称理论不是本节或者本书的任务。

一　指称的方式分类

韩礼德和哈桑（1976：33）把指示（deixis）和回指（anaphora）统一于一个系统之中，统称为指称。他们根据所指对象出现的语篇环境，将指称作如下分类①：

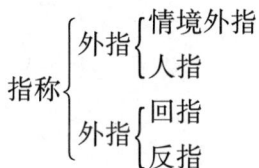

$$
指称\begin{cases}
外指\begin{cases}情境外指\\人指\end{cases}\\[2ex]
外指\begin{cases}回指\\反指\end{cases}
\end{cases}
$$

外指（exophora）的所指对象存在于语篇外的现实或者想象世界。根据所指对象存在的语境不同，外指又可分为情境外指（situational exophora）和人指（homophoric）。情境外指的所指对象存在于有形的交际语境，它是典型的指示用法。请看下面的例子：

（1）瞧，那位跳高运动员跳得多高！

例（1）中的"那位跳高运动员"存在于特定的情境中，说话者通常借助身势语等辅助手段让听话者确认其所指对象。

人指的所指对象存在于言语交际双方的共同意识，或者言语社团的文化语境之中。请看下面的两个例子（Halliday and Hasan，1976：71）：

（2）As the child grows, he learns to be independent.

（孩子长大了，要学会独立。）

（3）The snail is considered a great delicacy.

（蜗牛是公认的非常可口的美味。）

上例中的"child（孩子）"和"（snail）蜗牛"指称的不是特定情境中的事物，而是以普通人的文化和社会背景知识为基础。人指的所指对象可能是独一无二的事物，如"太阳"；也可能是代表整类事物，如上例中

———————————

① 参见胡壮麟（1994），第50页。

的"the child"和"the snail"。

内指（endophora）的所指对象在语篇之内。与外指不同的是，内指有先行词，先行词和回指语的所指对象相同。根据先行词和回指语出现的先后顺序，内指又分为回指（anaphora）和反指（cataphora）。在线性排列中，回指的先行词出现在回指语之前（如例4），反指的先行词出现在回指语之后（如例5）。请看下面的例子：

（4）娟子从后面赶了上来，兴高采烈的。院长杰瑞今天又一次夸她，为她引荐了宋建平。　　　　　　　　　　　　　　　　　（《中》）

（5）他想起了这个：既是拉着骆驼，便须顺着大道走，不能再沿着山坡儿。　　　　　　　　　　　　　　　　　　　　　　　（《骆》）

二　指称的语义分类

语言学上的指称是对名词性词语①而言的，指的是名词性词语同语篇中的事物之间的关系。不过，语篇中的名词性词语并不一定都用来指称事物，换句话说，名词词语不一定指称语篇中的某一事物或者参与人物。篇章回指中，回指语和先行词的所指对象必须是同一事物或人物②。如果一个名词性词语不指称任何事物，就不能用其他词语回指它。因此，指称义同回指的关系非常密切，在研究回指前，有必要弄清指称分类中几组容易混淆的概念。

陈平（1987）根据名词性成分的所指对象同实际语境中存在的事物之间的关系提出四组语义概念：有指的（referential）与无指的（nonreferential）、可识别的（identifiable）/未识别的（nonidentifiable）、实指的

---

① 词语（expression，有时称表达式）包括词（word）和语（phrase），有时也包括句子（sentence），名词性词语相当于上文的名词性成分。

② 此处的"回指"指狭义的回指，即用名词性的表达式同上文照应。在名词性回指中，回指语有时指称的不是先行词所代表的事物或者人物，而是指称先行词的语言形式本身。如 Lyons（1977）所举的例子。

A：That is a rhinoceros.　（那是一头犀牛）。

B：A what? Spell it for me.　（一头什么？给我拼出来！）

这段话中的"it"和"rhinoceros（犀牛）"可以用相同的指称，但是两种并非指同一个对象。"it"指"rhinoceros"这个词的拼写形式，而不是"rhinoceros"这个词所代表动物犀牛。可能 B 没有听清楚，或者从来没有听说过"rhinoceros"（犀牛）这个词，因此请求 A 把这个词语拼出来。Lyons 把这种指示方式称为语篇指示（textual deixis），其实不属回指用法。

(specific) 与虚指的 (nonspecific)、通指的 (generic) 与单指的 (individual)。此外，徐烈炯 (1995) 和王红旗 (2001) 等学者在这方面做了很多有意义的工作。本节讨论陈平提出的四对概念，以及它们同回指的关系。

（一）有指的与无指的

如果名词性成分的表现对象是话语中的某个实体，该名词性成分是有指；否则是无指成分。请看下面的例子[①]：

(6) 去年 8 月，他在新雅餐厅当临时工时，结识了一位顾客。

例 (6) 中的"他"、"新雅餐厅"、"一位顾客"分别代表语篇中的一个实体，是有指成分，"临时工"表示一种身份，不是实体，它是无指成分。

有指的名词性成分一般能够回指，无指的名词性成分则不能回指。霍珀和汤普森 (Hopper and Thompson, 1984：711)、杜波依斯 (Du Bois, 1980)、陈平 (1987)、王红旗 (2006) 讨论了无指名词性成分在语言中出现的场合 (下面画线的名词词语是无指成分)：

1. 复合词的构成成分，例如：

鸡蛋糕　　　桃子树　　商品展销　　方言调查
pear tree （梨树）　　　letter box （信箱）

2. 分类性表语成分，例如：

(7) 雍士杰曾是一名菜农，今年 50 多岁。

(8) He is the Prime Minister of Australia. [②]

（他是澳大利亚总理。）

3. 比较结构中用在"像"、"如"、"有"等词语后面的成分，例如：

(9) 王大在运河里捞到一只螃蟹，乖乖，足有小脸盆大。

4. 否定结构中在否定成分管界内的成分，例如：

(10) 我这些天来没买书，口袋里没钱。

(11) Please don't say a word. （请别说话！）

---

① 下面使用的汉语例子转引自陈平 (1987)。

② 陈平 (2004) 指出，"the Prime Minister of Australia"在此例中作谓语表示人物的身份，它也可以解释为等同使用。在后一种用法的情况下，它是有指成分。

5. 构成所谓"词语动词"的动名（介名）组合中的名词性成分，例如：

读书　　吵架　　打仗　谢幕　　打牌　　捕鱼　　理发

（12）I only wear one in my left when I'm wearing my lenses.

（戴镜片时，我只戴左眼的。）

（13）We went to school yesterday.

（昨天我们上学了。）

有的名词性成分既可以做有指解释，又可以做无指解释，王红旗（2006）把这种现象称为指称不确定性。徐烈炯（1995：8）指出光杆名词、带数量词的名词、带不定冠词的名词有时是指称语，有时候不是。下面是 Lyons（1977：190）的例子：

（14）John wants to marry a girl with green eyes.

（约翰想娶一位绿眼睛的姑娘。）

例（14）是一个歧义句。其中的"a girl with green eyes"（一位绿眼睛的姑娘）既可以解释为某位特定的姑娘，也可以解释为任何具备"绿眼睛"这个条件的女孩，作前一种解释时该名词词语是有指的，作后一种解释时该名词词语是无指的。

下面我们看陈平（1987）使用的例子（有修改）：

（15）他们下星期要考研究生。

（16）他们下星期要考研究生，现在报考研究生的学生很多，竞争非常激烈。

（17）他们下星期要考研究生，这批研究生进校两个多月了，这是第一次对他们进行考试。

例（15）是一个歧义句，"研究生"可作例（16）、（17）的两种解释。例（16）中的"研究生"表示一种资格，它是无指成分。例（17）中的"研究生"是有指成分，在后续句可用"这批研究生"和"他们"回指前面的"研究生"。

（二）可识别的与未识别的

发话人使用某个名词性成分时，如果预料受话人能够将所指对象与语境中某个特定的事物等同起来，能够把它与同一语境中可能存在的其他同类实体区分开来，该名词性成分是定指成分。相反，如果预料受话人无法将所指对象与语境中的其他同类成分区分开来，该名词性成分是不定指成分。例如：

（18）那天，一辆草绿色的解放牌卡车悄无声息地滑至淮海别墅顾而已家门……车停稳后，只见跳下一群身着去掉了领章、帽徽的空军服装的人。他们一进屋，就把守好每扇门窗，拉好窗帘。

例（18）中，"一辆草绿色的解放牌卡车"和"一群身着去掉了领章、帽徽的空军服装的人"是未识别的名词性成分，其他画波浪线的名词性成分是可识别的成分。

我们用"可识别的"／"未识别的"代替陈平（1987）"定指的"／"不定指的"。"可识别的/未识别的"是认知范畴，是说话者对听话者认知状态的评估；而"定指的/不定指的"是语法范畴，是认知范畴"可识别的/未识别的"语法化，不是每种语言都有相应的"定指的/不定指的"语法范畴。本章第三节将详细讨论"可识别的/未识别的"这对术语。

（三）实指的与虚指的

发话人使用某个名词性成分时，如果所指对象是某个在语境中实际存在的人物，该名词性成分为实指成分。反之，如果所指对象只是一个虚泛的概念，其实体在语境中也许存在，也许并不存在，该名词性成分为虚指成分。只有未识别的成分才有实指和虚指的区别，可识别成分都是实指。实指和虚指同听话人没有直接的关系。例如：

（19）a. 请您从桌子上取支笔来，好吗？
　　　 b. 您要什么笔？
　　　 c. 我要那支灰杆儿钢笔。
（20）a. 请您从桌子上取支笔来好吗？
　　　 b. 您要什么笔？
　　　 c. 随便什么笔都行。

例（19）中的"笔"是实指，例（20）中的笔是虚指。

（四）通指的与单指的

名词性成分的所指对象如果是整个一类事物，该名词性成分为通指成分。相反，所指对象如果是一类中的个体，该名词性成分为单指成分。

（21）麻雀虽小，但它颈上的骨头数目几乎比长颈鹿多一倍。

例（21）中的"麻雀"和"长颈鹿"都是通指成分。单指成分是有指成分，通指成分虽然不是指称语境中任何以个体形式出现的人或物，而是代表语境中一个确定的类，但是我们认为它也是有指成分。通指和单指都可以回指。

第二节　两个语篇生成模式

"语篇产生和语篇理解是篇章作者和读者之间两项既截然不同又相辅相成的交际任务。"[①]"冈德尔等人（1988：287）认为，在这两项任务中，读者的解码任务比作者的编码任务'从本质上来说更为困难'，因为从某种意义上来说，作者'知道'指称和谈论的对象是什么，而读者却无法知道。"[②] 然而，语篇是说话者在言语交际双方的参与下产生的，如果洞察了语篇生成和指称运用的心理认知过程，就能够有效地指导听话者对言语的理解和指称的理解。下面讨论两个语篇生成的理论模式。

一　莱韦尔特的语篇生成模式

语篇生成过程是一个有目的的认知活动，说话者为了实现自己的交际目的，必须叙说一些事情，传递一些信息，从而表达自己的思想感情，论说自己的观点，等等。同时，说话者还希望听话者能从他的言语中理解他的思想，认识他的意图，只有这样，才能保证说话者的交际目的得以实现。

莱韦尔特（Levelt，1989）提出一个说话者说话的蓝图（A blueprint for the speaker）。该蓝图把说话者言语生成的过程分为三个阶段：概念化

---

① 许余龙（2004），第10页。
② 同上。

（conceptualizing）、言语形成（formulating）和言语发出（articulating）。在概念化阶段，说话者根据当前的交际任务设定一系列的言语行为，编码语前信息（preverbal message），并形成概念结构（conceptual structure）。在言语形成阶段，说话者对语前信息进行语法编码（grammatical encoding）和语音编码（phonological encoding），也就是说话者将概念结构转换为语言结构（linguistic structure）。在言语发出阶段，说话者执行语音计划，发音器官发出有声的言语。

语前信息阶段，说话者首先需要选择相关的信息进行表达，即决定说（或写）什么，然后再决定这些信息如何表达，安排它们表达的顺序，即确定怎么说（或写）；并记住之前说过的内容。这些活动，要求说话者稳定不变的注意（constant attention）。此外，在言语过程中，说话者还要监督自己在说些什么和怎么说。语前信息编码分为两步（Levelt，1989：110）：首先，制订语篇的宏观计划（macroplanning）。说话者把交际目的细化为一系列的子目标，并为每一个子目标计划一个相应的言语行为，即选择一些有助于实现该目标的信息进行表达。其次，制订语篇的微观计划（microplanning）。说话者把每一个将要表达的信息单位形成语前信息，把这些信息单位编码成一个信息结构。

莱韦尔特指出，信息编码是一个依赖语境的动态过程，说话者为了详细阐述他的目标和挑选有效的信息进行表达，必须充分、准确地考虑语篇情景，并合理地分配信息视角。篇章语境是持续变化的情景，因此，信息编码的过程必须参照说话者记忆系统中储存的动态的语篇记录（discourse record）。

宏观计划和微观计划决定表达什么言语信息以及怎样表达这些信息。言语计划的制定，完全依赖于说话者的交际目的和当前语篇模型（discourse model）的状态①。语前信息有可能已经在说话者当前的注意中心（in focus），也可能需要在记忆系统中进一步搜索。前一种情况的例子，例如某人碰巧从窗户向外看，发现外面下了很大的雪，然后产生了一个念头，想把下雪的情况告诉听话者。在这种情况下，报道的事件在说话者的注意中心，他不需要进一步搜索相关信息。后一种情况的例子，例如有人打听如何从北京师范大学的东门到小西门。说话者回答该问题时，需要在自己的大脑中建立一个校园认知地图，在该地图上确定这两个位置以及从

---

① 简单地说，语篇模型就是语篇内容的记录，本章第三节将详细讨论该术语。

东门通往小西门的几条路线。以上知识是储存在说话者长期记忆（long - term memory）系统中的。说话者还要估计听话者对校园的熟悉程度，告诉他最短或者最容易走的路线。

二　汤姆林的语篇生成模式

汤姆林（1997）在莱韦尔特（1989）生成模式的基础上，提出一个新的语篇生成模式（discourse - production model）。该模式由三个主要部分组成：（1）认知主体（conceptualizer），负责形成具体事件的概念表征（conceptual representation）；（2）功能语法（functional grammar），负责把事件的概念表征编码为语言表征，即把概念表征编码为能够表达的话语（utterance）；（3）发音器官（articulator），负责执行个人现时的言语发出。

认知主体负责选择特定的事件并形成该事件的表征。当许多行为活动展现在认知器官（cognizer）之前，认知主体确定持久的参数，并根据这些参数以及事件的发展而变化。此外，当事件的概念表征在现实时间呈现出来时，特定的参数进入或者退出说话者的注意范围和记忆激活状态。

汤姆林指出，认知科学认为，注意和记忆是人类处理信息的两个主要过程。认知心理学将注意看作信息加工的重要机制，强调注意的选择性维量，将注意看作一种内部机制，借以实现对刺激选择的控制并调节行为，即舍弃一部分信息，以便有效地加工重要的信息。

汤姆林等（1991）认为，说话者的注意不仅从许多感知的事情中选择出某些特定的事件加以叙述，还把该事件的概念表征的某些概念成分挑选出来进行加工。这些进一步加工的概念成分被挑选出来的过程，称之为被激活。从记忆角度说，激活的概念成分从当前的感觉记忆或者长期记忆中提取出来，转为短时记忆。在信息加工的时间进程中，记忆系统中的概念成分能够进入激活状态，也可能退出激活状态。如果激活的概念成分退出激活状态，就需要经过复述或者重新激活，才能够进一步加工。

激活的概念成分，有数量和持久时间的限制。在数量上，一般一次只能激活 2 个或 3 个概念成分；如果不复述激活成分，则持续时间大约 2 秒。在一组激活的概念成分中，有些成分可能受到特殊的或局部的加工。这些接受到集中加工的成分进入注意焦点。注意焦点是一种特别有限的加工状态，它要求持续地使用相当有限的注意资源。因而，在任一时间，通常仅有 1—2 个成分能够接收注意焦点这种加工。

汤姆林的模式强调注意和记忆激活在言语生成过程中的作用，他

（2007）通过心理试验测试得出如下结论：在言语形成的那一瞬间，如果言语中的目标对象激活的程度高，那么它将投射为代词形式。反过来，如果在言语形成的那一瞬间，目标对象激活的程度不高，那么它将投射为名词形式。

汤姆林主要是运用心理试验的方法研究指称语的选择同认知状态的关系。因此，他得出的结论不是建立在语料分析的基础之上。另外，汤姆林对认知状态和指称语的分类过于笼统、概括，在分析具体语篇时很难操作。

第三节　语篇实体认知状态的分类及其认知基础

名词性词语指称的对象是事件的参与者（主要包括事物或者人物），在语篇发展的过程中，它们或者被引入或者被搁置，或者被重新提及，或者成为当前谈论的对象。所指对象在交际双方记忆系统中的表征称为实体，实体的认知状态不是静态的而是动态的，认知状态的动态变化制约说话者对指称语的选择运用。例如一个名词性成分指称的对象刚开始引进语篇时，通常是听话者不熟悉的，随着语篇的推进，它的认知状态由不熟悉到熟悉或者被激活，等等。例如：

（1）唐明德$_i$惊慌地往外跑，$\emptyset_i$撞到一个大汉$_j$的身上。他$_i$看清了那人$_j$的眉眼，$\emptyset_i$认出那人$_j$是谁。　　　　　　　　（陈平，1987）

（2）I could not sleep last night，A dog next door kept me awake. I tried to catch the dog, but it wanted to bit me.（昨天晚上，我没有睡好，邻居家的一只狗使我不能入睡，我试图赶走那只狗，它却想咬我。）

例（1）中首次出现的"唐明德"和"一个大汉"，例（2）中的"a dog（狗）"，都是听话人不熟悉的实体。随着语篇的发展，这些所指对象便成为熟悉的、被激活的实体。认知状态的变化使它们的编码形式也发生了变化，例（1）中首次提及的实体"唐明德"，在后续小句提及时用零形代词回指它，在后续句再次提及时，用代词回指它。与此类似，"一个大汉"在后续句提及时都用"那人"回指它。例（2）中的"狗"的编码由起始句的不定形式 "a dog" 变成后续句的有定形式 "the dog"，在收尾句用代词 "it" 回指。这几个指称语的编码形式不同，但它们指称的对象却是同一个事物。

说话者在选择不同的名词词语指称语篇实体时，取决于他对听话者认知状态的评估。那么说话者怎样评估听话者关于某个实体的认知状态？认知状态是一个连续统，我们怎样在这个连续统上确定几个典型性的认知状态呢？这将是本节主要讨论的问题。

一 语篇模型和语篇实体

（一）语篇模型

语篇由语言表达式（linguistic expressions，如词、词语和句子）及其意义组成，这些语言表达式指称人物、事物、事件和概念以及它们的关系。语篇模型（discourse model）是言语交际过程中，交际者在大脑中根据语言表达式的所指对象的表征（representation）构建起来的抽象世界。换句话说，语篇模型由人物、事件和概念的表征，以及表征之间的关系和特征构成。语篇模型是从认知心理学角度进行语篇分析时经常使用的一个重要概念，不同的学者采用不同的术语来指称它：有的称之为 "语篇宇宙"（universe of discourse）（Givón，1983）；有的称之为 "语篇表征"（discourse representation）（Brown and Yule，1983）；有的称之为 "语篇内部世界"（text – internal world）（Lambrecht，1994）。

语篇模型有广义和狭义之分，狭义的语篇模型由同一次谈话、同一篇文章中的实体表征构成；广义的语篇模型可以扩展到由以往的会话，其他的文章，甚至共有的背景知识的表征构成。在没有特别说明的情况下，下文所指的语篇模型是狭义的。语篇模型有以下几个特点：

1. 语篇模型是言语交际双方共有的。语篇模型是在言语交际双方的参与下共同完成的。在会话语篇中，说话者和听话者的言语表达式是组成语篇模型的基础，说话者和听话者的身份在交际过程中相互转换；在独白语篇，说话者的言语表达式是构成语篇模型的基础，说话者是信息的发出者，听话人是信息的接收者。不管是会话语篇还是独白语篇，说话者和听话者都需要在大脑中建立自己的语篇模型。说话者把语篇模型看作共有的背景知识的记录和基础，他向听话者传递新信息，希望听话者能够把新信息储存下来，在语篇模型中建立新信息的表征。通常情况下，说话者认为听话者建立的语篇模型与他自己的基本一致。因此，说话者以自己的语篇模型来评估听话者的语篇模型和语篇实体的认知状态。

2. 语篇模型是不断变化发展的。在言语交际过程中，语篇模型是动态的、不断变化发展的。言语交际双方的每一个言语行为都会改变语篇模型的状态。说话者可以通过向语篇引入新实体改变语篇模型的状态。例如说话者说"有一个小伙子挺惹人喜欢"，该言语行为就向言语双方的语篇模型引入了一个新实体，言语交际双方需要为该所指对象建立一个新档案。说话者也可以通过增加已有实体的信息而改变语篇模型的状态，如果说话者接着上文说"他有一颗非常善良的心"。这里的"他"指称的不是任意一个人，而是上文提到的那个小伙子。在言语交际过程中，说话者根据自己的意图，传递一些关于已有的语篇实体或新引入的语篇实体的信息，并对它们做出一些断言或者评论。

（二）语篇实体

语篇实体（discourse entity）是说话者和听话者通过使用语篇中的语言表达式（linguistic expressions）在语篇模型这个世界建立起来的心理表征，语篇实体又称为"心理档案"（mental files）或"存储节点"（storage nodes）。语篇实体储存于记忆系统的长时记忆或者短时记忆中，因此语篇实体是心理实体。在语篇生成的过程中，说话者每向语篇引入一个新事物，交际双方就在语篇模型中建立起该事物的心理表征（即心理实体）；当说话者用名词词语指称已经引入语篇的事物时，交际双方需要搜索大脑中储存的该事物的心理实体。

所指对象（referent）是语言表达式所指称的事物和概念，这些事物或者概念存在于真实世界或者"可能世界"①，所指对象的心理表征就是语篇实体。本书在分析指称和回指时，主要关心事物或者概念的心理表征。区分"所指对象"和"语篇实体"这两个术语虽然在理论上很重要，但本书忽略它们之间的区别，除非特殊说明，所指对象和语篇实体可以互换。在语篇中，名词词语的所指对象可能是存在于交际双方共有的背景知识（shared background knowledge）中的实体，如下面例（3）中的"爱因斯坦"；也可能存在于有形交际语境（physical context）中的实体，如下面例（4）中的"那个运动员"；也可能存在于语言语境（linguistic con-

---

① 兰布里克特（Lambrecht，1994）把"语篇内部世界"称为"可能世界"，因此"可能世界"相当于本书的语篇模型。

text）中的实体，如下面例（5）中的"祥子"。根据本章第一节第一小节对指称方式的分类，只有例（5）中用零形代词来指称"祥子"是回指。

（3）<u>爱因斯坦</u>生于 1879 年。

（4）瞧，<u>那个运动员</u>跑得多快！

（5）<u>祥子</u>$_i$ 在海甸的一家小店里躺了三天，身上忽冷忽热，心中迷迷糊糊，牙床上起了一溜紫疱，ø$_i$ 只想喝水，ø$_i$ 不想吃什么。　　　（《骆》）

莱昂斯在他的著作 *Semantics*（1977：445 - 446）第二卷曾将客观世界分为三级实体①。第一级实体（first - order entities）指存在于一定时间、空间的有形实体，如人、动物、事物。第二级实体（second - order entities）指事件、过程、状态等很难说其存在但可以说其发生的实体。第三级实体（third - order entities）指命题、说话行为等位于时间和空间之外的抽象实体。莱昂斯对客观世界的分类也适用于可能世界，抽象的语篇模型同样由这三级抽象的心理实体构成。为了限制指称研究的范围，本书讨论的实体限于第一级实体，即语篇模型中的有形实体（有生命的人、生物和事物）。

二　认知状态的分类及其认知基础

（一）对认知状态分类的讨论

说话者将一个实体（人物、事物、事件等）引入语篇模型时，听话者将在自己的语篇模型中创建一个语篇实体，为该语篇实体建立一个心理档案；当说话者再次提及这个语篇实体时，听话者将在自己的语篇模型中确定它的位置，并打开该语篇实体的心理档案；当说话者回指刚刚提及的语篇实体时，听话者不需要再次打开该语篇实体的心理档案，因为它就在交际者当前的工作记忆系统中。在言语生成过程中，当语篇实体处于不同的认知状态时，说话者使用的指称编码有明显的变化。请看本节引言中的两个例子：

（1）<u>唐明德</u>$_i$ 惊慌地往外跑，ø$_i$ 撞到<u>一个大汉</u>$_j$ 的身上。<u>他</u>$_i$ 看清了<u>那人</u>$_j$ 的眉眼，ø$_i$ 认出<u>那人</u>$_j$ 是谁。　　　（陈平，1987）

（2）I could not sleep last night, <u>A dog</u> next door kept me awake. I tried

---

①　莱昂斯的实体不是心理实体，而是客观存在的事物、概念或者关系等。

to catch the dog, but it wanted to bit me. （昨天晚上，我没有睡好，邻居家的一只狗使我不能入睡，我试图赶走那只狗，它却想咬我。）

　　国内外认知语言学家已经关注到上例的语言事实，而且提出了相关的理论假设进行解释，他们认为指称语的编码形式取决于该所指对象在交际者记忆系统中的激活程度。不过，国内外学者在下面三个问题上还没有达成共识。

　　（a）用来指称语篇实体的指称语的编码形式是取决于说话者还是听话者的认知激活状态？

　　（b）认知激活是一个连续的认知概念，要不要对认知状态进行分类？如果分类，那么怎样分类？分类的认知基础是什么？认知状态可以分为多少类？

　　（c）认知激活的程度同指称语的编码形式是什么样的对应关系？是一一对应关系还是一对多的关系？

　　实际上，上面三个有争议的问题不是彼此孤立，而是相互影响、彼此交融的，它们是一个理论问题的三个维度。下面先讨论学界关于第一个和第二个问题的主要观点，第三个问题将在第三章第四节进一步讨论。

　　（a）切夫（1987）、莱韦尔特（1989）、阿里尔（1991，1994）、冈德尔等（1993）、兰布里克特（Lambrecht，1994）等学者主张指称语的编码形式取决于说话者对听话者认知状态的评估；汤姆林等（1991）、基布里克（1997）等学者主张指称语的编码形式取决于说话者的记忆激活程度。前一种观点考虑到参与言语交际双方的认知因素，但是它需要回答下面两个问题：第一个问题是说话者评估听话者认知状态的基础是什么？凭借说话者主观直觉判断能否接近听话者真实的认知状态？正如莱韦尔特（1989：145）自己所说的"'评估'是说话者的判断，而不是听话者真正经历的"。第二个问题是说话者在言语生成的过程中，是不是他每运用一个指称语来指称语篇实体时，都会停下来评估听话者的认知状态呢？显然，这几乎是不可能的。后一种观点没有考虑到听话者的认知状态，虽然这样的主张能够简化繁杂的指称问题，但是同一个语篇实体，在听话者和说话者的记忆系统中的状态并不完全相同。例如，说话者对自己首次引入语篇的每一个实指的语篇实体都是熟悉的，但是对听话者来说，这些实体基本上是新实体。如果完全凭借说话者的认知状态来评估听话者的认知状态，那么就忽略了交际双方在认知状态上存在的差异。

　　本书赞同前一种观点，主张说话者在运用指称语的时候，需要评估所指对象在听话者记忆系统中的认知激活状态。但是，在说话者如何评估听话者的认知状态这个问题上，本书不完全赞同前一种观点，认为说话者以言语交际双方在大脑中建立的语篇模型为分水岭，分两个不同的过程判断语篇实体的认知状态。第一个过程是对首次引入语篇模型的实体的认知状态的评估。通常情况下，说话者假定听话者不熟悉首次引入的新实体，听话者需要借助交际语境、间接推理以及指称语的编码形式才能识别指称语的所指对象。第二个过程是对已经引入语篇的实体认知状态的评估。说话者假定听话者已经熟悉了引入语篇的实体，在提及某一已知实体时，言语交际双方的认知状态是一致的。因此，说话者可以用自己的认知状态为默认（default）状态来评估听话者的激活程度。在第二个过程上，我们赞同汤姆林等的观点。

　　（b）学者都认同记忆激活是一个程度问题，在研究认知状态时，他们都直接或者间接地对认知状态进行分类。毋庸讳言，如何在认知状态这个连续统上确定若干典型的、具有代表性的状态，这是一个非常棘手的问题。不过，合理有效的分类有助于科学研究。分类合理与否，一方面在于分类标准的合理性，分类标准是否具有可操作性；另一方面在于分类结果的有效性，它能否同指称语建立某种关联。前人在认知状态的分类研究方面做了许多有价值的工作，本书第二章已经做了相关评述，在此不再赘述。本书借鉴莱韦尔特（1989）和冈德尔等（1993）的分类方法，以语篇模型作为一个分水岭，将实体的认知状态分为以下五类（见下图）：未识别的（nonidentifiable）、可识别的（identifiable）、熟悉的（familiar）、激活的（activated）和注意中心（in focus）。

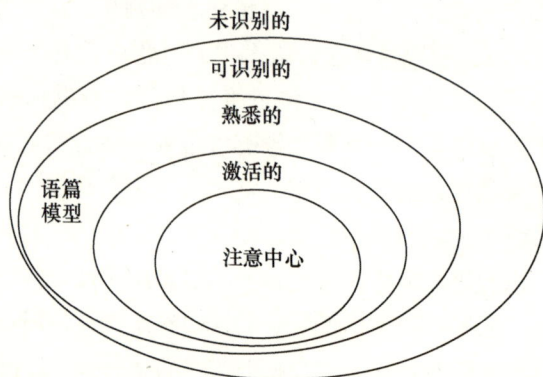

如果我们将上图中的每一个椭圆看作不同认知状态的集合，那么小椭圆是大椭圆的一个子集，最小的最中间的椭圆代表记忆激活的程度最高，最外边的代表记忆激活的程度最低，从外到内形成一个认知状态的连续统。需要说明的是，上图并不表明认知状态可以层层二分，而是表示它们之间是层层插入的蕴涵关系，里层的认知状态蕴涵外层的认知状态。这五种认知状态也可以排成类似普林斯（1981）和冈德尔等（1993）的等级：

注意中心 < 激活的 < 熟悉的 < 可识别的 < 未识别的

上图左边的激活程度最高，右边的激活程度最低，从右到左形成一个连续系统，并且左边的认知状态蕴涵右边的认知状态。如果某个实体在"注意中心"，那么它是"激活的"，也是"熟悉的"、"可识别的"、"未识别的"。其他认知状态的蕴涵关系可以依次类推。

当语篇实体处于"未识别的"和"可识别的"两种认知状态时，它们没有被说话者引入语篇模型，这两种认知状态通常是实体在语篇中首次被提及时的认知状态。当语篇实体处于"熟悉的"、"激活的"和"注意中心"三种认知状态时，它们已被引入语篇模型，这三种认知状态通常是实体在语篇中再次被提及时的认知状态。因此，当名词性成分指称处于"熟悉的"、"激活的"和"注意中心"三种认知状态的实体时才是篇章回指。由此可见，语篇模型不仅是判断某一个实体是不是"熟悉的"分水岭，而且是区分首次指称某一实体或者回指某个实体的分水岭，还是说话者如何评估听话者认知状态的分水岭。

从下一节开始，我们将依次讨论语篇实体的五种认知状态的界定，以及说话者评估实体认知状态的基础。

（二）未识别的

本书采用陈平（1987）对"未识别的"（nonidentifiable）认知状态的界定。说话者预料听话者无法将实体与语境中某个特定的事物等同起来，不能够把它与同一语境中可能存在的其他同类实体区分开来，该实体是"未识别的"成分。这个术语同莱韦尔特（1989）的"不可及的"（inaccessible）相似，相当于冈德尔等（1993）的"可识别的类（type identifiable）和有指的"（referential），或者普林斯（1981）的"全新实体"（Brand – new）和"全新锚定的实体"（Brand – new anchored）。

"未识别的"所指对象的表征没有储存在听话者的记忆系统中，当听话者第一次听到该所指对象时，在他的大脑中只能唤起（evoke）所指对象的一类表征（type‐representation），而不能唤起该所指对象的个体表征。例如当听话者听到"来了一位客人"这句话时，他只知道"一位客人"是"客人"这个类中的一个个体，但不能将"一位客人"从同类"客人"中区分开来，因为他没有该客人的心理档案。因此，当听话者听到"未识别的"所指对象后，他就需要在语篇模型中创建该所指对象的个体表征。

　　说话者能够根据语境①和联想推理两个因素来评估一个语篇实体是听话者未识别的。如果一个语篇实体没有被引入语篇模型，也不在交际双方共有的背景知识（shared background knowledge）之中，听话者就不能利用有形的交际语境（physical situation）进行确认，也不能借助上文语境来进行联想推理（inference by association）②，那么该语篇实体就是"未识别的"。说话者在首次把一个所指对象引入语篇模型时，往往将它作为一个"未识别的"实体介绍给听话者。请看下面的例子（画线名词词语所指对象都是未识别的实体）：

　　（6）我买了一辆新自行车。
　　（7）忽然，一团黑影掠过地面，扑啦啦的一片响……（徐，2004：77）
　　（8）候机室里一片混乱。一位旅客起来维持秩序。（Wu，1998：75）
　　（The airport waiting room is in disorder. One waiting passenger get up to keep order. ）
　　（9）我的一位朋友今天要来北京，我得去火车站接他。

　　"未识别的"认知状态有程度区别，我们用上面的 5 个例子讨论它们之间的差异。例（6）中的"一辆自行车"和例（7）中的"一团黑影"两个名词词语所指对象在上文从来没有露过面，在语篇中第一次出现。说话者将它们介绍给听话者时，没有将它们同其他实体联系起来，它们是普林斯（1981）所说"未锚定的（unanchored）"全新实体。例（8）中的"一位旅客"所指对象虽然也是第一次引入语篇，但它与例（6）和例（7）不同。例（8）第一句中的上文处所说的"候机室"在空间上限定

---

① 广义的语境包括语篇模型（上下文语境）、有形的交际情境和共有的背景知识。
② 第三章第三节第二小节将详细论述这四个因素。

了"一位旅客"的范围，它是武果（1998）所说的"可定位的"（locatable）全新实体①。例（9），说话者向听话者介绍"我的一位朋友"时，将"一位朋友"和已知实体"我"联系起来，听话者在语篇模型创建该实体时可以直接将它同说话者联系起来。它是普林斯（1981）所说的"锚定的"（anchored）全新实体。一般来说，在三类未识别的实体中，"锚定的"认知状态最高，其次是"可定位的"，最后是"未锚定的"②。

现代汉语中，说话者常常用"一+（量）名词词语"的不定编码形式来指称未识别的实体③，除此之外，普通名词也可以用来指称未识别的实体。请看下面的例子：

（10）a. 那边发生了什么事情？

　　　b. 小孩掉水中了。

（11）在车站只等了一会儿前面就来车了。

上例中的"小孩"和"车"指称的都是未识别的实体。

（三）可识别的

本书采用陈平（1987）、兰布里克特（1994）对"可识别的"（identifiable）认知状态的界定。说话者预料听话者能够将语篇实体与语境中某个特定的事物等同起来，能够把它与同一语境中可能存在的其他同类实体区分开来，该实体是"可识别的"。这个术语类似于"可及的"（accessible）（Levelt，1989），"唯一可识别的"（uniquely identifiable）（冈德尔等，1993），"可推测的"（inferable）（Prince，1981）。

"可识别的"所指对象既不在听话者的语篇模型中，也不在交际双方共有的背景知识中，也就是说，它的表征同样没有储存在听话者的记忆系统中。但是，说话者认为听话者可以借助上文语境和有形的交际情境推知该实体。听话者在自己的语篇模型中创建"可识别的"所指对象的表征时，该实体在认知上常常同引入语篇的熟悉的实体建立联系。下面我们讨论确认"可识别的"实体的认知基础。

---

① Wu（1998：11）对可定位实体有更详细的论述。

② 它们之间也具有蕴涵关系。

③ 我们暂且从形式上称"一+（量）名词词语"的编码为不定形式。

1. 有形的交际情境。说话者可以借助有形的交际情境（physical situation）评估听话者对某一实体的认知状态。有时候，名词词语所指称的实体就在言语交际双方身处的实际环境中，通过情境唤出来（situationally evoked）。第一人称代词"我、我们"指代说话者，第二人称代词"你、你们"指代听话者，当然可以识别出来。除此之外，交际情境中的其他参与者也可以识别出来。对于出现在言语交际情境中的第三方，交际者可以借助眼神或者手势等副语言表达手段（paralinguistic expression），通过指示指称（deictic reference）的方式加以识别。说话者通常选用指示代词（近指代词"这"，远指代词"那"等）和第三人称代词（"他"、"他们"等）指代其他参与者。例如：

（12）瞧，那位老大爷已经套了两次虎了，可两次都被"中途犯规"罚下场。

（13）就是他被人骗走了一辆自行车。

（14）你知道他们是坐哪趟车来的吗？

说话者认为听话者利用有形的交际语境，借助说话者的指示方式能够识别例（12）的"那位老大爷"，例（13）的"他"和例（14）"他们"的所指对象。需要指出的是。例（12）中说话者只关心听话者能否识别"那位老大爷"，至于听话者在此之前是否熟悉"那位老大爷"不影响听话者对这句话的理解。例（13）与例（12）的情形相同。例（14）中说话者认为听话者不仅能够识别其所指对象，而且假想听话者可能熟悉该实体。

这种非语言环境（nonlinguistic context）下的指称没有先行词，它只能为言语交际的直接参与者提供信息，以帮助他们确认特定的所指对象，不能亲身体验现场的交际者就无法识别所指称的对象。

2. 联想间接指称。说话者对听话者关于实体认知状态的评估，还可以通过逻辑推理的方式实现。在人类的知识系统中，除了储存一些实体（包括语篇中的实体和作为常识储存的事物）外，还储存着一些同这些实体有关的关系，如整体—部分关系、亲属关系、社会关系、领属关系、动作与其客体的关系，等等（王红旗，2001：58）。这些知识为特定的社团和群体所共享，它们在人类的记忆系统中形成一个个认知框架（frame）①。一旦框架中的某一个实体或者动作确定下来，该框架也随之确定下来，那么该框架中的其他实体就可以通过上述关系和文化常识来识别。请看下面的例子：

（15）大卫昨天买了一辆旧车，喇叭不响。（陈平，2004）
（David bought an old car yesterday. The horn didn't work.）

说话者假定听话者能够通过触发词（trigger）"一辆旧车"识别"喇叭"的所指对象，因为在现代社会环境下，普通群众都知道汽车有喇叭，喇叭是汽车的一个组成部分，触发词和指称语是整体和部分的关系。这种通过联想推理来识别所指对象的称之为"联想间接指称"（indirect reference by association）（Clark，1977）、"搭桥推理"（bridging inference）（Clark and Haviland，1977），"联想回指"（associative anaphora）（Hawkins，1978）和"间接回指"（indirect anaphora）（Erkü and Gundel，1987），等等②。

除整体和部分关系框架之外，听话者常常以事件框架为基础进行推理，请看下面的例子：

（16）我们不得已乘出租车去了车站，路上，司机告诉我们，公交工人正在罢工。（C. Lyons，1993：3）

例（16）第一个小句叙述的是搭乘出租车的认知框架，该框架典型的构成要素有出租车、乘客和司机。后续句中的"司机"虽然是首次引入语篇的实体，但听话者能够借助唤起的认知框架推断"司机"指的是"我们乘坐的出租车"的司机。例（16）中"出租车"和"司机"不是整体和部分的关系，而是同一个认知框架的组成成分。以上两例中的"喇叭"和"司机"是普林斯（1981）所说的可推测的实体。

联想间接指称同时涉及回指和交际双方共有的背景知识。在语篇上文

---

① 在认知语言学中，也称为图示（schema）、脚本（script）、场景（scenario），见陈平（2004）。

② 转引自理查德·爱泼斯坦（Richard Epstein，1999），第54页。

有一个实体或者情境触发指称语，这同回指需要有先行词相似，但触发词和指称语不是同指（co‑reference）关系，而是用名词词语指称一个同触发词相关联的实体，该实体的可识别性需要听话者运用常识去做推理。

　　类似于未识别的认知状态，通过联想间接推理而确立的可识别的认知状态也有程度区分。首先，不同认知框架内的所指对象之间的联系程度不同，因此由联想形成的可识别性有程度差异。其次，不同听话者的个人生活经历不同，面对相同的认知框架，不同的听话者联想而形成的可识别性也会不同。我们引用哈维兰和克拉克（Haviland and Clark，1974：515）（例17）和桑福德和加罗德（Sanford and Garrod，1981：104）（例18）的心理试验研究结果比较两种类型的"搭桥式前后参照指称"（bridging cross‑inference）①。

　　（17）a. We got some beer out of the trunk. The beer was warm.

　　（我们从车的行李箱中拿出啤酒，啤酒是温的。）

　　b. We checked the picnic supplies. The beer was warm.

　　（我们查看了为野餐准备的生活用品，啤酒是温的。）

　　（18）a. Mary put the baby's clothes on. The clothes were made of pink wool.

　　（玛丽给小孩儿穿上衣服，衣服是用粉红色羊毛织成的。）

　　b. Mary dressed the baby. The clothes were made of pink wool.

　　（玛丽给小孩儿穿着打扮了一番，衣服是用粉红色羊毛织成的。）

　　在上面两组例子中，（17a）和（18a）中"beer"（啤酒）和"clothes"（衣服）是听话者熟悉的实体，它们直接回指上文引入的先行词。（17b）和（18b）中"beer"（啤酒）和"clothes"（衣服）是可识别的实体，它们的认知状态是通过"picnic supplies（野餐生活用品）"和"dressing（衣着打扮）"两个框架，在间接联想的基础上确立的。哈维兰和克拉克（1974）的心理语言学试验表明，许多测试对象在建立（17a）中的间接回指语"beer"同触发词"picnic supplies"之间的联系时所花费的加工时间，明显多于（17b）中建立直接回指语同先行词之间的联系所

---

　　①　转引自陈平（2004）。

花费的加工时间。然而，桑福德和加罗德（1981）对（18a）和（18b）的两个句子进行对比理解试验，结果表明测试对象所花费的加工时间没有明显差异。上述两个心理试验结果表明，有些联想比其他联想更容易建立。对有一定生活常识的普通大众而言，"dressing"框架更容易让人联想起"clothes"，激活我们大脑中的"心理表征"。布朗和尤尔（Brown and Yule，1983：236）指出，听话者不容易建立野餐生活用品和啤酒之间的联系，除非是"一群散装啤酒的狂热者，他们经常在当地的公园里野餐"。换句话说，对多数听话者而言，（18b）中的"clothes"比（17b）中的"beer"更容易识别。尽管在认知状态上存在程度差异，英语在其编码形式上并没有区别，都用"有定冠词 + 名词"的有定形式指称这些实体。

可识别实体的确认还可以通过另外一种联想指称实现，普林斯（1981：237）和陈平（2004）将它称之为"包含式可推测的指称"（containing inferable referable）。下面是他们使用的例子：

（19）Have you heard the incredible claim that the devil speaks English backwards?

（你听说过魔鬼后来说英语的怪事吗？）

（20）Do you know the man that she went to dinner with last night?

（你认识那位昨天晚上和她一起出去吃晚饭的男人吗？）

例（20）中的"the man"（男人）可能是首次引入语篇模型，说话者使用有定编码形式来指称它，表明说话者认为该实体是可识别的。这种可识别性是通过名词后的限定性定语从句的识别功能而确立的。

（四）熟悉的

说话者预料听话者能够把实体与同一语境中可能存在的其他同类实体区分开来，能够把它与语篇模型中的某个实体等同起来，该实体是"熟悉的"（familiar）。这个术语类似于"在语篇模型中"（in discourse model）（Levelt，1989）"熟悉的"（familiar）（冈德尔等，1993）、"未使用的"（unused）（Prince，1981）、"惰性的"（inactive）（Chafe，1987）。

"熟悉的"实体是已经进入语篇模型的所指对象，说话者假定所指对象一旦被引入听话者的语篇模型之后，该实体的表征就储存在言语交际双方的语篇模型之中。因此，说话者认为，无论在什么时候提及已引入语篇的实体，听话者应该都能识别这些实体。从记忆的角度来说，熟悉的实体可能由于长时间没有被提及而储存在交际者的长期记忆中，也可能最近被提及而处在短期记忆的边缘。

说话者以语篇模型为基础评估听话者的认知状态，广义的语篇模型包括语言环境和共有的背景知识。

1. 语言环境。说话者可以借助语境（linguistic context）来评估所指对象在听话人记忆系统中的认知状态。这里所说的语境是狭义的，指同一篇文章、同一次谈话的上文语境。如果某一实体在语境中首次提及，说话者需要参考共有的背景知识确认该实体的认知状态①，一般情况下，说话者认为语境中首次提及的实体的认知状态是未识别的。如果某一实体已经被引入该语境，说话者认为听话者已经熟悉该实体；再次提及该实体时，它的认知状态至少是熟悉的。例如：

（21）卖鸭架的橱窗前排出了一条蜿蜒的队，排在林小枫前面的是一个很老的老头儿，老得皮肤像一张薄薄的皱纸，皱纸上布满了浅褐色的斑，却依然排队买鸭架，喝鸭架汤，有滋有味地活着。老头儿曾是这所医院的院长，哪一任的记不清了，只记得姓赵。　　　　　　　　　（《中》）

例（21）中的"一个很老的老头儿"是首次引入语境的未识别的新实体，说话者使用"一＋量＋名词"的不定编码形式指称他。在后续句再次提及时，说话者认为听话者已熟悉该实体，使用普通名词"老头儿"指称"一个很老的老头儿"。

2. 共同的背景知识。说话者还可以利用交际双方共同的背景知识来判断听话者对提及实体的认知状态。共同的背景知识相当于广义的语境，不仅包括狭义的语言环境，还可以延伸到在这以前所从事的言语交际活动，甚至包括交际双方所处的整个社会文化环境。上文已经论述了狭义的语言环境在确认实体认知状态时的作用，此处所说的共有的背景知识指交际双方以前从事的交际活动和所处的社会文化环境。

如果某一实体没有在任何语境中出现过，说话者认为听话者肯定不熟悉该实体；如果某一实体在以前的言语交际活动中出现过，说话者一般认

---

① 下一节将讨论共有的背景知识。

为听话者熟悉该实体；如果某一实体在社会文化环境中出现过，说话者需要根据该实体在普通人知识体系中的熟悉程度和听话者的背景知识做出合理的判断，或许熟悉，或许不熟悉。

我们可以设想这样一种情境：某家养了一只宠物狗，丈夫晚上下班一进家门可能问他的妻子：

（22）狗去哪里了？

例（22）用光杆普通名词指称"狗"，丈夫认为妻子能够推知他所说的"狗"是家里养的那只宠物狗。在这种环境下，所指对象不在有形的交际情境，说话者不可能借助副语言去指示它；所指对象也没有出现在上文语境，说话者不是回指已引入语篇的实体。他的妻子能够确认所指对象是建立在双方共有的背景知识基础之上的。同样的情况，对于特定的交际双方而言，普通名词"总统"、"太阳"、"月亮"和专有名词如"张三"、"李四"都可以确定其所指对象。这种共有的背景知识，有些是特定的（specific），如例（22）中的"狗"，有些是文化和社会常识，如"太阳"、"总统"。

借助语言环境和背景知识评估听话者的认知状态时，如果叙述的内容真实、专业，说话者需要考虑听话者特定的知识背景；如果叙述的内容非现实、大众化，说话者不需要过多考虑听话者的背景知识。我们所选取的小说语料中的参与者都是读者不熟悉、虚构的人物或者事物①，小说叙述的事件基本是虚构的，小说的读者是广大群众，不是特定的群体。因此，小说叙述者完全可以凭借语言环境评估某一实体在听话者大脑中是否熟悉。

语言环境的心理表征就是语言模型，在言语产生的过程中，语篇模型是动态的、不断变化的，听话者的语篇模型随着说话者的变化而不断变化②。说话者假定听话者的语篇模型和自己的一样，并用自己的认知状态去评估听话者的认知状态。

---

① 语料中的有些地名是现实生活中的真实地名。

② 在对话语篇中，言语交际双方共同推进语篇模型的发展；在独白语篇中，说话者推进语篇模型的发展。小说语篇属于后一种情况。

（五）激活的

本书采用冈德尔等人（1993）对"激活的"（activated）认知状态的界定。所指对象的表征在言语交际双方的短期记忆中，但不在当前的"注意中心"，该实体是"激活的"。激活实体的表征可能是从说话者和听话者的长期记忆里提取出来的，也可能是由当前语言环境或者有形的交际语境引起的。"激活的"实体包括切夫（1987）"去激活作用"（deactivation）后的"半活动的"（semi–active）实体，以及经过"图示联想"（associated with a schema）的"半活动的"（semi–active）实体中的一部分①。

根据上图的蕴涵关系，每一个"激活的"实体一定是"熟悉的"所指对象。"激活的"实体既不在当前"注意中心"，也不在长期记忆之中，而是从中心向边缘过渡的中间区域。"激活的"实体可能刚退出说话者当前"注意中心"，或者说话者虽然将它激活，但没有作为注意中心加以处理。因此，"激活的"实体主要有两种情况：（a）由处于"注意中心"状态的实体通过"去激活"（deactivation）作用变成激活状态的实体。所谓"去激活"即说话者把处于"注意中心"状态的所指对象暂时搁置起来，而把"注意中心"转向另外一个实体。这种去激活现象在口语和书面语中经常出现，表现为句子话题的转移。（b）"激活的"实体与处于"注意中心"的实体在同一个概念结构中，它们都是构成概念结构的概念成分。当说话者将该概念结构激活以后，"激活的"实体没有受到说话者像对待"注意中心"的实体那样特殊的加工。这种激活现象在语言中通常表现为句子表层结构非主语位置上的句法成分（主要指宾语）的激活。请看下面的例子：

（23）"是，简单。"肖莉点了点头，两眼凝视着宋建平补充，"单纯，善良，可爱……"

刹那间，宋建平脸上的笑容消失了，他做了个"停止"的手势，粗鲁地打断了她："打住，肖莉，打住！不要再挑逗我，不要再给我错觉，不要再让我瞧不起你——咱们刚才谈得挺好，因为你的真诚！"

（《中》）

---

① 切夫（1987）经过"图示联想"使语篇实体处于"半活动"状态的现象，包括本书第三章第三节第二小节论述的间接联想指称。

（24）"走着说"，祥子看<u>站岗的巡警</u>已经往这边走了两趟，觉得不是劲儿。

"就在这儿说，谁管得了！"她顺着祥子的眼光也看见了<u>那个巡警</u>："你又没拉着车，怕他干吗？他还能无因白故的把谁的××咬下来？那才透着邪行呢！咱们说咱们的！……"　　　　　　　　　　（《骆》）

当例（23）第一个小句的话题是"肖莉"时，"肖莉"处于说话者的注意中心。接下来句子的话题由"肖莉"转移为"宋建平"，"宋建平"成为注意中心。当再次提及"肖莉"时，"肖莉"已经退出"注意中心"状态，是"激活的"状态，此时用"她"回指"肖莉"，在韵律上一般重读。虽然此句有两个第二人称代词，听话者仍然可以推断"她"指的是"肖莉"。

例（24）第一个小句中的"祥子"在说话者的注意中心，"站岗的巡警"处于激活的状态。在接下来的句子再次提及它时，说话者用"那个巡警"的编码形式回指激活的实体。

（六）注意中心

本书采用冈德尔等人（1993）对"注意中心"（in focus）认知状态的界定。所指对象的表征不仅在言语交际双方的短期记忆中，而且在他们当前的注意中心。这个术语类似于切夫（1987）的"active"（活动的），菲韦尔特（1989）、汤姆森等（1991）的"注意焦点"（in focus）。

根据上图的蕴涵关系，每一个处于注意中心的所指对象都是激活的实体。它们从一组激活的实体中挑选出来，在接下来的语篇中，受到说话者特殊的或者局部的加工（Tomlin and Pu，1991）。通常情况下，一个句子的表层结构中只有一个句法成分得到这种特殊加工，这个句法成分通常是该句的主语（或者话题）[①]，少数情况下也有可能是宾语，这些"注意中心"的实体，通常充当句子的主语（或者话题）。请看下面的例子：

（25）祥子听出点意思来，ø也还没往心中去；从他一进人和厂，他就决定不再充什么英雄好汉，一切都听天由命。谁爱说什么，就说什么。
　　　　　　　　　　　　　　　　　　　　　　　　　　（《骆》）

---

① 本书第五章将讨论主语和话题这两个概念。

（26）<u>太太</u>说完这个，ø 又看了祥子一眼，ø 不言语了，ø 把四天的工钱给了他。　　　　　　　　　　　　　　　　　　　　　　（《骆》）

（27）<u>她</u>咽了口吐沫，ø 把复杂的神气与情感似乎镇压下去，ø 拿出点由刘四爷得来的外场劲儿，ø 半恼半笑，ø 假装不甚在乎的样子打了句哈哈："你可倒好！肉包子打狗，一去不回头啊！"她的嗓门很高，和平日在车厂与车夫们吵嘴时一样。　　　　　　　　　　（《骆》）

（28）顶可怜的是<u>那长而无毛的脖子</u>，ø 那么长，ø 那么秃，ø 弯弯的，愚笨的，伸出老远，ø 象条失意的瘦龙①。　　　　　　（《骆》）

例（25）、（26）和（27）主语位置上的"祥子"、"太太"和"她"被激活后，处于说话者当前"注意中心"，它们在后续句中做主语，形成所谓的"话题链"。例（28）宾语位置上"那长而无毛的脖子"被激活后，成为说话者"注意中心"，做后续句的主语。上面的几个例子表明，说话者通常用代词或者零形编码形式指称处于"注意中心"状态的实体，在韵律上一般轻读。

第四节　语篇实体认知状态同指称语编码形式的关联

第三章第三节第二小节将语篇实体的认知状态分为五类，并讨论了分类的认知基础。同时，我们还提出一个有待讨论的问题：记忆激活的程度同指称语的编码形式是什么样的关系，是一一对应关系还是以一对多的关系？

指称语由代词（包括零形代词）和名词（词语）构成。每种语言的代词的数量多少不等，但是它的总量十分有限；每种语言的名词的数量都很庞大，但是它的编码形式有限。结构主义语言学家已经对它们的数量和形式进行了充分的描写，虽然不同学者归纳出来的名词性词语的类别不完全一致，但一般没有本质上的差别。

既然连续的认知状态可以分为五个有代表性的类别，封闭的指称语也

---

① 此例中的"象"，今应写作"像"。在引用语料时，本书照录原著的书写形式，下同。

可以从数量和形式上进行分类，那么在两者之间寻找某种对应关系不仅可能，而且必须。采用认知激活模式研究指称的语言学家在这方面已经做了许多开创性的工作，他们都尝试寻找记忆激活程度同指称语的编码形式之间存在的某种对应关系。理论上，连续的认知状态和有限的指称形式不存在严格的——对应关系；事实证明也是如此。

阿里尔（1994）指出不同的指称语标示所指对象在记忆系统中的可及程度，尽管阿里尔的可及性理论没有明确指出认知状态可以分为多少类，但是，可及性等级还是间接地表明了每种指称形式代表一类认知状态。阿里尔自己认识到这种处理方法存在着很多例外现象，她只能借助语言的任意性加以解释。

冈德尔等人（1993）提出已知性等级，主张不同的名词和代词形式标示不同的认知状态。他们根据英语指称语的编码形式提出六种认知状态，认为汉语的指称语只同其中的四种认知状态关联。关联情况如表3-1所示。

表3-1

认知状态类型	可能的语言形式
注意中心（注意中心①）	零形代词、他/她/它
激活的（激活的）	他/她/它（重读）、这、那、这+N
熟悉的（熟悉的）	
唯一确定的（可识别的）	那+N
有指的（未识别的）	
可识别的类（未识别的）	一+N，光杆名词

从表3-1中，我们可以看出，除"可识别的"认知状态同"那+N"指称编码是一对一的关系外，其他三种对应关系都是一对多。当语篇实体在"注意中心"认知状态时，汉语用零形代词或者代词回指；当语篇实体在"激活的"认知状态时，汉语用重读人称代词或者指示代词回指；当语篇实体在"未识别的"认知状态时，汉语用"一+N"的编码形式和光杆名词指称它们。

---

① 括号内的加注表示原文作者采用的术语相当于或者近似于本书提出的何种认知状态。

此外，罗仁地（La Polla，1995）在兰布里克特（1994）关于可识别性分类的基础上，全面归纳了现代汉语不同所指类型的可能编码方式①。

表 3 - 2

所指认知状态的类型	可能的编码方式
活跃的（注意中心）	零形代词、代词、光杆 NP、指示代词
可及的（激活的、可识别的）	代词、光杆 NP、指示代词
惰性的（熟悉的）	光杆 NP、指示代词
抛锚的未识别的（未识别的）	属格词语、关系从句
未抛锚的未识别的（未识别的）	光杆 NP、（数词＋）量词

从表 3 - 2，我们可以看出，现代汉语中，不仅每种所指类型都有两种以上可能的编码形式，而且有些编码形式能够对应几种所指类型。指示代词修饰名词的形式可以指称所有"熟悉的"实体，光杆 NP 几乎可以指称任何认知状态的实体。

学者在研究认知状态和指称语的关联时，各自的分类标准和分类结果不同，从而导致结论不一致，这是正常情况。本书认为冈德尔等人的研究结果简化了现代汉语指称语的编码形式，我们将试图通过对汉语语料的研究为已知性等级提供跨语言的支持。事实上，现代汉语指称语同语篇实体认知状态的关联比冈德尔等人的研究结论要复杂得多。冈德尔的研究表明，现代汉语的光杆 NP 几乎能指称任何认知状态类型。不过，以上学者的研究结论是否完全符合现代汉语事实，还需要进一步讨论。在本书使用的叙述体语料中，我们还没有发现光杆 NP 能指称任何认知状态的实体的例子②。

除了阿里尔（1988），冈德尔等（1993）、罗仁地（1995）之外，许多语言学家（Tomlin and Pu，1991；Chafe，1994；Givón，1995；Kibrik，1999）都主张指称语的选择依赖于该实体当前的记忆激活程度。本书在前人研究的基础上提出如下理论假设：

---

① 删除了原文中"无指成分"类型的可能编码形式"光杆 NP、（数词＋量词）"。
② 罗仁地（1995）使用会话语料研究所指类型在活动状态时的可能编码方式。

如果一个语篇实体在交际者的记忆系统中被高度激活（"注意中心"和"激活的"），那么用简省的名词词语（零形式和代词）编码它；如果一个语篇实体激活的程度很低（"熟悉的"、"可识别的"、"未识别的"），那么用全称名词词语编码它。

认知状态和名词编码形式之间的具体关联如下：

注意中心 <	激活的 <	熟悉的 <	可识别的 <	未识别的
零形代词	重读人称代词	专有名词	专有名词	（领属［小句］＋）NP
人称代词	指示代词（＋N）	（远指代词＋）NP	远指代词＋N	（数＋）量＋NP

我们认为实体的认知状态和指称语之间不是一一对应关系，而是以一对多的关系。一种认知状态可以对应几类名词性词语，反过来，有的名词性词语能够指称多个认知状态的实体。实体的认知状态对指称语选择的制约是一种倾向，而不是强制性的，因此，存在不确定性。李讷和汤普森（1979）对汉语第三人称的研究给我们很大的启发[1]。

李讷和汤普森曾做过这样一个有趣的试验，从《儒林外史》中摘出一段话，句与句之间没有专门空格供填写字的，只有标点，把所有的代词"他"拿掉，然后叫49名中国学生（加上作者一人一共50人）填上他们认为需要加的"他"，然后统计出比例。统计结果如下（一句一行，句首是填写人的百分比）：

（1）a. 这王冕天性聪明，

b.（6%）年纪不满二十岁，

c.（12%）就把那天文、地理、经史上的大学问，无一不贯通。

d.（76%）但性情不同，

e.（2%）既不求官爵，

f.（0%）又不交纳朋友，

g.（2%）终日闭门读书。

h.（14%）又在《楚辞图》上看见画的屈原衣冠，

i.（8%）便自造一顶极高的帽子，一件极阔的衣服。

j.（0%）遇见到花明柳媚的时节，

k.（12%）把一乘牛车载了母亲，

l.（10%）便戴了帽，

---

① 下面一段文字转引自徐赳赳（2003），第127—128页。

m. （0%）穿了阔衣，

n. （0%）执着鞭子，

o. （0%）口唱着歌曲，

p. （0%）在乡村镇上，以及湖边，到处玩耍，

q. （4%）惹得乡下孩子们三五成群跟着笑，

r. （56%）也不在意。

s. 如此，（14%）就生活安定、快乐、健康。

从统计数据看，19 个小句中只有两句超过了半数，（1d）占 76%，这个位置吸引了众多应试者填"他"；第二例是（17r），占 56%。其他小句填写的比例极低：14%，12%，10%，8%，6%，4%，2%，0%。有趣的是没有一个应试者填写的结果跟作者完全一样（作者是 17d，17i，17l，17q，17r），也没有一个应试者填写了 5 个"他"。

李讷和汤普森的试验不仅说明作者使用代词"他"时判断的多样性，也说明了作者选择零形代词时判断的随机性。但是这并不是说"他"的分布和零形代词的分布是杂乱无章的，而是有一些规律可循、有一定的趋向性。（17d）和（17r）使用代词的比例较高，其他例子运用零形回指比例很低，这就是例证。本书的研究目标之一就是发现这种倾向性规律。

第五节　制约语篇实体认知状态的因素

上节指出语篇实体的认知状态制约指称语的选择。就回指而言，当实体被高度激活时，说话者用简省形式回指它，当实体没有被高度激活时，说话者用名词词语指称它。既然回指语的选择取决于所指对象的激活程度，那么我们不禁要问：

所指对象引入语篇之后，再次提及它们时，为什么有的实体激活的程度高，有的实体激活的程度低？影响语篇实体激活程度的因素是什么？这些要素是怎样影响实体的激活程度？解决了后两个问题，就回答了第一个问题。本节先回顾学界阿里尔（1991）、基布里克（1996）对第二个问题的研究，并提出我们的意见，然后初步讨论第三个问题，本书第五章将详细地讨论第三个问题。

阿里尔（1988）从认知角度研究先行词的可及性，认为说话者使用

回指语指称语篇中提及的某一对象时，不同的回指语标示了它不同的可及性，也就是标示了指称对象在交际者记忆系统中的激活程度。阿里尔结合英语语料的分析，提出影响先行词可及性的四种因素：间隔距离、竞争度、显著性和一致性。其中，竞争度和显著性可同时影响"新"实体和"已唤出"实体的激活程度，而间隔距离和一致性则与"已唤出"实体的激活程度相关。

间隔距离指语篇中先行词与回指语之间间隔的语言单位的距离。阿里尔确定先行词在同一句、前一句、同一段、前一段四种间隔距离，语料分析表明间隔距离越大，先行词的可及性越低。竞争度指在回指语出现之前，语篇中可竞争为先行词的名词的数量。竞争先行词的名词的数量越多，先行词的可及性越低。显著性指先行词在句子或语篇中的显著程度，主要指先行词是不是段落的主题或者句子的话题，显著程度越高可及性越高。一致性指先行词是否与回指语处在同一个认知框架/世界/观点/语篇片段或段落中。阿里尔认为，语篇表达的一致性被破坏，先行词的可及性会大大降低。

阿里尔提出的四种因素还存在一些缺陷。首先，如她自己所说，她提出的影响先行词可及性的四种因素不是绝对的，还可能存在其他起作用的因素。其次，就这四种因素来说，许余龙（2004）曾指出阿里尔将是否跨句和跨段作为衡量篇章间隔距离的标准有局限性，因为有时虽然跨段，实际上先行词和回指语的距离比"同段内"还短。

基布里克（1996）在分析俄语语料的基础上，提出指称语选择的数学模型。基布里克认为，影响回指语选择的最重要因素是指称对象在记忆系统中的认知状态，并且采用数学方法计算先行词的激活程度。他提出七种影响先行词认知状态的因素，并赋予它们相应的正负数值，正值提高认知激活程度，负值降低认知激活程度。具体情况如下：（1）修辞结构距离的数值为 0.7、0.4、0、-0.3，它们随着修辞结构距离的增大而减小；（2）先行词的句法和语义角色的数值分别为 0.4、0.3、0.2、0，先行词既是主语又是施事角色时数值最大；（3）人物重要性的数值为 0.3、0.2、0，先行词指称的人物在语篇中首次提及时数值最大；（4）先行词生命度的数值为 0.2、0.1、0，先行词指称人时数值最大；（5）先行词和回指语的线性距离的数值为 -0.5—0，它们随着线性距离的增加数值逐次递减0.1；（6）段落距离的数值为 0、-0.2、-0.4，它们随着段落距离的增加数值逐次递减 0.2；（7）先行词和回指语指称的对象是否完全等同的数值为0、-0.2,等同时为0,不完全等同时为-0.2。

基布里克通过计算得出如下结论:当激活总和为0.1—0.3时,只能使用名词回指;当激活总和为0.4—0.6时,多数用名词回指,少数用代词回指;当激活总和为0.7—0.9时,名词和代词回指均可;当激活总和为1时,只能使用代词回指。

基布里克采用赋值的方法来分析激活程度和回指语之间的关系富有创新意义,但是也存在不足和挑战。首先,赋值的方法有一定的局限性,如何科学合理地分配好各种影响因素的权重和分值是巨大的挑战。其次,从名词和代词回指的激活总和在0.4—0.9之间来看,该模型较弱的区分性将影响它的解释力度。最后,影响激活状态的各种因素在发挥作用时,不一定是简单的相加求和关系。

我们在阿里尔(1988,1990)、基布里克(1996)的指称选择模型的基础上,结合现代汉语语篇分析的结果,提出汉语篇章回指的如下选择模型:

上图模型表示说话者选择回指语时有两个相对分离的阶段:第一个阶段由左边和中间的矩形组成,"语篇间隔距离"和"语篇实体特征"两大因素制约语篇实体的认知状态;第二个阶段由中间和右边的矩形组成,语篇实体的认知状态制约回指语的编码形式。语篇"实体认知状态"是该理论模型的中枢。第三章第三节和第四节从理论上探讨了第二个过程,本节讨论回指选择模型中的第一个过程。

一 语篇间隔距离

语篇间隔距离指先行词和回指语之间的距离,它包括修辞结构距离、线性距离和名词词语间隔距离①。语篇是有结构层级的和线性的言语交际单位,因此首先要考虑修辞结构距离和线性距离;其次,先行词和回指语中间出现的其他参与者也能影响先行词的认知状态,因此还包括名词词语

---

① 把名词词语间隔距离作为测算语篇距离的一个参数借鉴了许余龙(2004)的方法,下文还要讨论其他学者对此参数的运用情况。

间隔距离。

（一）修辞结构和修辞结构距离

1. 修辞结构（rhetorical structure）

修辞又称"修辞组织"①，它用来说明语言单位（如小句和句子）之间的语义和认知关系（陈平，1986：89）。在修辞结构理论框架中，语篇最小的组织单位是命题，一个命题一般相当于一个小句。因此，修辞结构分析的基本理论主张是语篇不仅仅是线性排列的小句，而是由许多小句逐层组织而成。这些小句在传递各种信息的同时，彼此之间形成了各种结构关系（Fox，1987a：78）。

陈平（1987）将修辞结构形成的固定模式称为语式（schema）②，语式体现了句子与句子在语义结构中的最基本的组织方式。陈平指出语式具有以下特点：（1）可以把语式看做高次谓词（higher – order predicate），带各种小句做论元③，各种语式对所带小句的数量、性质、相互关系、前后顺序有一定的要求。（2）除了小句以外，语式还可以带其他语式做论元。这个特点决定了语篇的语义结构同句法结构一样，具有递归（recursive）的性质。语篇实质上是由各种语式由低到高、逐层相合构筑而成的语义结合体，同一种语式可以在不同层次上反复出现。透过句子在语篇表面的线性序列，我们可以看到其内部隐藏着一个语义层次结构。在这个结构组织中位于较高层次的语式与语式的联结之处，在言谈中一般表现为时间较长的停顿，在篇章中则表现为各个章节段落的起讫。

语式由若干核心论元和附加论元组成，有的语式只有核心论元，没有附加论元。根据论元之间的语义关系，可以将语式分为两类：联合语式和偏正语式。联合语式的论元是平等关系，没有主从之分；偏正语式的论元是不平等关系，有主从之分。语式在数量上是有限的，不过，在具体数量和关系等问题上，目前大家还没有取得比较一致的意见。下面列举文献中谈论的一些常见语式。

---

① "修辞结构"采用了福克斯（1987a）的术语，类似于陈平（1986，1987）的"修辞组织"和"语式"，分析方法与曼、马西森和汤普森（Mann, Matthiessen and Thompson, 1992）的"修辞结构理论"一致。本节内容参考了以上文献资料。

② 下文论述修辞结构的类型时，采用陈平的"语式"这一术语。

③ 没有特别说明的情况下，下文提到的"论元"都指语式的论元，不是指动词的论元（argument）。

——叙述（narrate）。叙述语式相当于陈平（1987）的"顺连"，没有附加论元，由数量上没有限制的核心论元组成。语式中的每个论元描述位于特定时间和空间背景下的某一行为，前后论元一般按照时间顺序排列，形成一个行为系列，构成相对完整的故事情节。通常情况下，论元的前后顺序不能颠倒。请看下面的例子：

（1）他让冯来财把吹洗过的黑眼圈公羊拴在院子里，捉了冯来财的手，去了他的房子里，变戏法似的从他的房门背后取出一套藏蓝色的西服和白色的衬衣，帮助冯来财换上。　　　　　　　　　　（《状》）

（2）李四爷去找程长顺，跟他要旧报纸。

程长顺说，旧报纸，破布，他都有，随便拿就是了。　　　（《四》）

——解说（elaboration）

解说语式包含一个核心论元和多个可选的附加论元。核心和附加论元表达各种概念关系，附加论元对核心论元做进一步的解释和说明。请看下面的例子：

（3）祥子的生活多半仗着这种残存的仪式与规矩。有结婚的，他替人家打着旗伞；有出殡的，他替人家举着花圈挽联；他不喜，也不哭，他只为那十几个铜子，陪着人家游街。　　　　　　　　（《骆》）

——罗列（list）

罗列语式没有附加论元，由数量上没有限制的核心论元组成。每个核心论元都是语式的一个单位，在语式中的地位平等，并且前后顺序可以颠倒。在句法结构上，罗列语式有一个共同的特征，常常呈现出句法平行现象。请看下面的例子：

（4）她丑，老，厉害。　　　　　　　　　　　　　　（《骆》）

——对比（contrast）

对比语式由两个并列的核心论元组成，论元对比说明几种不同的情况，前后顺序有限制。请看下面的例子：

（5）这绝对不是习气，作派，而是真需要这么两碗茶压一压。

（《骆》）

——选择（alternation）

选择语式由两个或者两个以上的核心论元组成，每个论元说明一种情况以供选择，前后顺序可以颠倒。请看下面的例子：

（6）中间部分要么是帮父母做家务，要么是如何认真写作业，要么是出去跟什么人玩了些什么。

（《中》）

——因果（reason）

因果语式包括一个核心论元和一个附加论元，核心论元陈述事实，附加论元说明原因。请看下面的例子：

（7）之所以能做出这种姿态，也是基于对林小枫基本素质的信任。说到底她是受过高等教育的人，不至于像一般家庭妇女，不知深浅不知轻重。

（《中》）

——让步（concession）

让步语式有一个核心论元和一个附加论元，附加论元承认某种事实，核心论元转到相反的意思上。请看下面的例子：

（8）这样即使不小心掉了头发，娟子也会以为是她自己的。电话里，刘东北答应她尽量想办法安排一下。

（《中》）

——条件（condition）

条件语式由一个核心论元和一个附加论元构成，附加论元提出一种条件，核心论元说明在这个条件下产生的结果。请看下面的例子：

（9）只要写字稍多，甚至骑自行车握车把久了，右手都会麻，麻而无力。这才领教了违背传统的厉害。

（《中》）

——目的（purpose）

目的语式的核心论元陈述某种行为，附加论元说明行为的目的。请看下面的例子：

（10）为了开脱自己，刘东北不惜出卖他的男同胞们。　　　　（《中》）

——背景（background）

背景语式通常由一个核心论元和一个附加论元组成，附加论元在前，核心论元在后。核心论元描述情景，附加论元提供时间、地点或者事件的背景信息。请看下面的例子：

（11）祥子的脸通红，手哆嗦着，拍出九十六块钱来："我要这辆车!"　　　　（《中》）

2. 修辞结构距离

语篇由各种语式由低到高、逐层相合构筑而成，同一种语式可以在不同层次上反复出现。语式主要通过嵌入的方式出现在另一个语式之中，形成语篇的层级结构。先行词和回指语处在不同的层级结构，就形成了它们的修辞结构距离。本书测算修辞结构距离的方法是根据先行词和回指语所在的结构层级，如果它们在同一个结构层级（即同一个语式的支配下），那么它们的修辞结构距离等于 1；如果结构层级递增，那么修辞距离递加。请看下面的例子：

（12）a. 他$_i$一口气冲到对方门前，

b. ø$_i$并不立即起脚射门，

c. ø$_i$而是将球拨给了后面接上来的左锋。（陈平，1987）

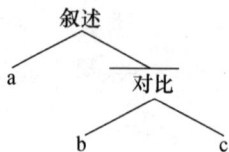

例（12）中，（12b）句和（12c）句构成对比语式，嵌入叙述语式。例中的三个句子不位于同一层次上，（12b）句和（12c）句位于同一层次，受同一个语式管辖。回指语要升到第二个层次才能同先行词联结起来。此例中回指语和先行词的修辞结构距离等于2。

（13）a. 他$_i$十分信服老队长$_j$，

b. $\varnothing_j$吩咐他$_i$做什么，

c. 总是$\varnothing_j$话才出口，

d. $\varnothing_i$拔腿就走。 　　　　　　　　　　　　　（陈平，1987）

说明

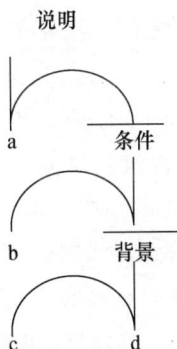

　　例（13a）中的话题是"他"，到了（13b）和（13c）中被"老队长"取代，到（14d）又成为句子的话题，并且用零形代词回指。回指语要升到第三个层级才能同先行词联结起来，此例中的先行词和回指语的修辞结构距离等于3。

　　修辞结构距离同人类有限的工作记忆能力有密切的关系。在言语生成的过程中，认知主体的概念表征是情节性的和以事件为基础，概念表征建立在当前认知到的外部事件或者想象到的内在事件的基础之上。修辞结构距离越小，构成语式的论元越有可能在同一个情节或者事件之中。反之，修辞结构距离越大，构成语式的论元越有可能跨越不同的情节或者事件，它将降低论元中先行词的激活程度。

　　（二）线性距离

　　线性距离指先行词和回指语之间间隔的小句的数量。许多学者都把线性距离作为制约说话者选择回指语的一个因素。基翁（1983，1990）以小句作为测算线性距离的单位，研究结果表明零形回指的平均线性距离在1个小句左右；代词回指的平均线性距离在2—3个小句；线性距离越大，说话者越倾向使用名词回指。

　　陈平（1986）用两种方法统计先行词和回指语的线性距离：一种方

法是根据先行词和回指语中间插入的小句的数量测算线性距离；另一种方法是根据先行词和回指语中间插入的句子的数量测算线性距离。陈平的研究结果支持基翁（1983）的结论，回指语的分布同先行词和回指语之间的线性距离有密切的关系：线性距离越短，说话者越倾向用简省的回指形式（零形式或代词回指）；线性距离越长，说话者越倾向用名词回指形式。

阿里尔（1988）将先行词和回指语之间的线性距离作为影响先行词可及性的一个因素，她设置了四个距离参数：同句内、前一句、同段内、跨段。

许余龙（2004：94）认为，阿里尔的分析方法存在缺陷，"她（指阿里尔）将是否跨句和跨段作为衡量篇章间隔距离的标准，这一标准本身有其局限性。比如，有时虽然是跨段的，但可能是先行词在前一段的最后一句中，而指称词语在后一段的第一句中，两者之间相隔也仅仅只是一个句子"。许余龙修正了阿里尔的距离参数，提出名词词语间隔距离、段落间隔距离、句子间隔距离和小句间隔距离四种测算线性距离的参数。

本书测算先行词和回指语的线性距离时，只设置一个参数：先行词和回指语之间插入的小句的数量。如果插入的小句的数量是 0，表明它们是同一句内相邻的两个小句，或者是前后相邻的两个句子；如果中间有 1 个小句插入，线性距离为 1，其他情况依次类推。

线性距离对回指语选择的影响同人类的认知能力密切相关，激活的实体在持续的时间上有限制，如果持续的时间过长，它将会退出注意中心或者激活状态。一般情况下，先行词和回指语之间的线性距离越长，激活实体持续的时间也越长。可见，线性距离的作用是降低先行词的激活程度。

（三）名词词语间隔距离

名词词语间隔距离指在先行词和回指语之间，语篇中可竞争为先行词的实体的数量。我们把该类实体称为潜在的先行词，它类似于"潜在的干扰"（potential interference）（Givón，1983）和"潜在干扰的所指对象"（potential interfering referents）（陈平，1986）。潜在的先行词必须同回指句在语义上相容，即符合回指句的谓语和论元的选择特征。潜在先行词数量的多少表明了先行词的竞争度（Ariel，1988），潜在的先行词的数量越多，先行词的显著性越低；潜在的先行词数量越少，先行词的显著性越高。

　　潜在的先行词对回指语选择的影响是人类语言的共性，这一现象得到了跨语言事实的支持①。其原因包括两个方面：

　　第一，它同人类的认知能力有直接的关系。人类一次只能处理有限数量的具体或者不具体的所指对象，在选择运用指称语时，这种认知能力的限制在任何人类语言中都起部分作用（Clancy，1980：129）。汤姆林等（1991）、切夫（1980）指出激活的概念成分（或者语篇实体）在数量上有限制，一次一般只能激活 2 个或 3 个概念成分。潜在的先行词数量多，将使先前已激活的实体容易退出激活状态。第二，指称语系统本身的原因。零形代词本身没有带任何同先行词相关的信息；现代汉语的第三人称单数代词，也仅在书面语材料能够区别人物性别。当语篇中存在语义上同谓语相容的潜在的先行词时，如果回指语编码为零形式或者代词，就有可能产生歧义理解（陈平，1986：123）。

　　影响实体认知状态的 3 个篇章因素彼此密切相关。通常情况下，先行词和回指语的修辞结构距离越大，它们之间的线性距离也越大，名词词语间隔距离也可能越大。反之，先行词和回指语的修辞结构距离越小，它们之间的线性距离也越小，名词词语间隔距离也可能越小。当然，这不表明三者是一致关系或者成正比例关系。

　　二　语篇实体特征

　　语篇实体的特征可以从句法、语义和语用等方面进行描述。本书的实体特征指作为先行词的语篇实体在句子中承担的语法角色和篇章中的语用特性。语法角色指语篇实体在句子中承担的句法功能，包括主语、宾语和领属语等；语用特性指语篇实体是否是篇章中的重要人物。语法角色和语用特性是制约说话者关于实体认知状态的又一个重要因素，因为它们直接影响该实体在语篇中的显著性，即实体在认知上被注意和激活的程度。来自不同学科背景的研究者，包括语言学、心理语言学和人工智能等领域的学者，在研究篇章回指时，都把先行词的显著性视为制约说话者选择回指语的一个要素。

　　（一）语法角色

　　语法角色指语篇实体在句子中承担的句法功能，如主语、宾语和领属

---

　　① 参见克兰西（Clancy，1980）、基翁（Givón，1983）、阿里尔（1988）、陈平（1986）等人的研究，在此不赘述。

语，等等。因为不同句法位置上的名词词语的显著程度不同，因此语篇实体的语法角色影响它的显著性。从认知角度看，句法位置的显著程度主要取决于语篇实体在大脑记忆系统中提取的难易程度。基南和科姆里（Keenan and Comrie，1977）在研究名词词语关系化过程中，提出如下"名词词语可及性等级"（NP accessibility hierarchy）：

　　主语 ＞ 直接宾语 ＞ 间接宾语 ＞ 旁语

上面的"可及性"本来指句法位置关系化时的可能性等级，不过这个等级并不只与关系化有关，它实际上反映了不同句法位置上的名词词语在记忆系统中提取的难易程度（Hawkins，1994）。在其他条件完全相等的条件下，主语位置上的指称词语所指的实体，要比宾语位置上的指称词语所指的实体具有较高的可及性（许余龙，2004，第96页）。"可及性"高的语篇实体容易提取，因此，它在记忆系统中激活的程度高。

语篇实体的激活程度同说话者的注意状态有密切的联系。汤姆林（1987）指出，句子的表层句法结构是概念结构投射的结果。在投射的过程中，注意选择是一个非常关键的认知因素。说话者的注意不仅从诸多能感知到的事情中选择出某些特定的事件加以叙述，还要把该事件的概念表征的某些概念成分挑选出来进行处理，也就是把这些概念成分激活。在一组激活的概念成分中，有些成分有可能受到更加特殊的处理，这些接受特殊处理的成分进入注意中心。汤姆林（1991）用心理试验证明，在许多语言中，包括英语和汉语，进入说话者注意焦点的概念成分在投射为句法结构的过程中常常编码为句子的主语。

（二）重要人物

重要人物（protagonist）取决于语篇实体在篇章中或者在某一段落中的角色重要性，角色重要性指的是实体在推动语篇进展过程中的重要程度。如果语篇实体的角色重要性高，该实体则是重要人物，否则该实体是次重要人物或者不重要人物。语篇中，重要人物发挥核心作用，次重要人物起着不太重要作用，有的边缘人物仅用作事件或行动的道具（prop）。语篇中重要人物提及的次数比非重要人物要多，它通常是说话者注意的焦点。

重要人物同生命度（animacy）密切相关。生命度是事物的与生俱来的内在语义特征，是语言之外的概念特性，也就是通常所说的自然生命度或生命性质。"生命度之所以跟语言学有关，其原因基本上在于我们发现同样一些种类的概念区别在一系列广泛的语言里都跟结构相关。"① 科姆里·伯纳德（Comrie Bernard）将生命度定义为一个等级结构，其主要成分按生命度由高到低的次序是：

人类（human）> 动物（animal 人以外的生物）> 无生命物（inanimate）

生命度高的实体，通常是故事的重要人物，它出现的频率比其他事物高，在语篇发展中的作用大，因此，比生命度低的实体凸显。此外，生命度同施事力有关系。一般情况下，有生命的实体的施事力比无生命的施事力强。认知上施事力强的实体比施事力弱的凸显，受动性强的受事比受动性弱的凸显，因为这两种情况都有明显的空间或状态变化，动态比静态更容易吸引人的注意，更容易被感知。

生命度高的实体比生命度低的实体不仅容易吸引说话者和听话者的注意，而且同实体的去激活有很大的关系。基布里克（1999）指出语篇中重要人物去激活时比非重要人物和非人生物慢，有生命的实体去激活时比无生命的实体慢。由于本书考察实体的范围局限于有生命的人物实体，因此，我们只研究重要的人物实体和非重要人物实体对回指形式的影响。

语法角色和语用特性是相互联系的两个方面，重要的人物实体容易引起说话者的注意，通常出现在句子的主语位置上；非重要的人物实体通常出现在句子的宾语位置上。

以上讨论的修辞结构距离、线性距离、名词词语间隔距离、语法角色和重要实体五个要素都影响说话者对回指语的选择运用，但它们不是直接发挥作用，而是通过整合后影响说话者对某一实体的认知状态，从而影响回指语的编码形式。

第六节　小结

本章主要构建篇章指称的认知激活模式，该模式包括三个模块：语篇实体的认知状态分类，语篇实体的认知状态同指称语编码形式的关联，制约语篇实体认知状态的篇章因素和实体特征。

本书首先讨论语篇实体认知状态的分类及其认知基础。认知状态可以

---

① Comrie Bernard, *Language Universals and Linguistic Typology*, Oxford：Blackwelll, 1989.

分为注意中心、激活的、熟悉的、可识别的和未识别的五类，它们具有蕴涵关系，激活程度高的认知状态蕴涵激活程度低的认知状态。本书以言语交际双方的语篇模型作为判断某一语篇实体是否是熟悉状态的分水岭，"未识别的"和"可识别的"实体没有引入语篇模型，"熟悉的"、"激活的"和"注意中心"的实体已经引入语篇模型。当说话者使用名词词语指称至少"熟悉的"实体时，才是篇章回指。

语篇实体的认知状态同指称语的编码形式有密切的关联，本书在前人研究的基础上提出如下理论假设：如果语篇实体在交际者的记忆系统中被高度激活（"注意中心"和"激活的"），那么用简省的名词词语（零形式和代词）编码它；如果语篇实体在交际者的记忆系统中被激活的程度很低（"熟悉的"、"可识别的"、"未识别的"），那么用全称名词词语编码它。因此，认知状态和指称语之间不是一一对应关系，而是以一对多的关系。另外，实体的认知状态对指称语选择的制约只是一种倾向，而不是强制性的，存在不确定性。

语篇间隔距离和语篇实体特征是制约说话者关于实体认知状态的两大因素。语篇间隔距离指先行词和回指语之间的距离，包括修辞结构距离、线性距离和名词词语间隔距离。语篇实体的特征指先行词承担的语法功能和语用特性，包括重要人物和语法角色（主语、宾语或领属语）。以上五个因素都制约说话者对回指语的选择使用，但它们不是直接发挥作用，而是通过整合后影响说话者对某一实体的认知状态，从而影响回指语的编码形式。

第四章　语篇实体的引入

　　语篇实体是篇章中必不可少的参与者，是语篇模型的构成要素之一。随着语篇的展开，事件的发展，说话者将不断地向交际双方的语篇模型引入语篇实体。说话者首次将实体引入语篇时，将采用不同的句法结构（句法手段）和指称形式（形态手段）①。本章将讨论以下三个问题：（1）新实体引入语篇模型时，语言要素（句法结构和指称语的编码形式）表现出来的特征；（2）再次提及已知实体时，指称该实体的名词词语的编码形式；（3）新实体的编码形式同语篇实体角色重要性之间的关系。

　　本章第一节统计引入新的语篇实体时的句法和形态手段；第二节描写首次引入语篇实体时的句法手段；第三节分析首次引入语篇实体时的形态编码；第四节考察再次提及语篇实体时的形态手段；第五节讨论语篇实体的重要性同形态手段的关系；第六节小结本章的主要内容。

第一节　引入新实体的句法和形态手段统计

　　说话者将一个新的实体引入语篇时，也就是向交际双方的语篇模型引入了一个新实体。说话者在引入新实体时，一方面用不同的编码形式（形态手段）提示听话者，该编码形式所指称的是新实体，并且尽可能用最合适的编码形式让听话者将新实体同语篇模型中的信息建立最大的关联；另一方面利用句法结构的编码（句法手段）引导听话者的注意，让听话者明确哪个实体是当前谈论的话题。说话者需要综合运用句法和形态两种手段，最后决定最合适的表达手段。为了缩小研究范围，本书考察的语篇实体仅为人物实体。本节首先讨论本书对名词性词语的分类情况，接

---

① "形态手段"参考了许余龙（2004）的提法。

下来分类统计首次引入语篇实体时的句法和形态手段。

一　名词性词语的分类

名词性词语是一个相对封闭的系统，由数量有限的代词（包括零形代词）和名词词语组成。不同的学者出于各自的研究目的，对名词性词语的分类，有不同的处理方法。陈平（1987，1991：128－129）从名词性成分的词汇形式着眼，把汉语中的各种表现形式归并为七组；罗仁地（1995）列举了七类可能的名词编码形式；许余龙（2004：126－127）将名词词语分为五大类二十三小类①。罗仁地拉和许余龙都把零形式作为一类特殊的代词。本书借鉴罗仁地和许余龙处理零形式的方法，把名词性词语分为四大类十二小类：

A 组　零形代词

B 组　代词

　　　B1 组　人称代词

　　　B2 组　指示代词

C 组　专有名词

　　　C1 组　光杆的专有名词

　　　C2 组　限定语 + 专有名词

　　　C3 组　关系小句 + 专有名词

D 组　普通名词

　　　D1 组　光杆普通名词

　　　D2 组　指示代词 +（修饰语 +）普通名词

　　　D3 组　限定语 + 普通名词

　　　D4 组　关系小句 + 普通名词

　　　D5 组　数词 +（量词 +）普通名词

　　　D6 组　量词 + 普通名词

本小节不对以上十二类名词性词语展开讨论，本章第三节将详细分析以上名词性词语在首次引入语篇实体时的使用情况。

---

①　陈平分出的七组是人称代词、专有名词、"这/那" +（量词）+ 名词、光杆普通名词、数词 +（量词）+ 名词、"一" +（量词）+ 名词、量词 + 名词；拉波拉分出的七类是零形代词、代词、指示代词、光杆 NP、属格短语、关系小句、（数词 +）量词；许余龙分出的五类是专有名词、有定/无定描述语、指示词语、代词、零形代词。

二 句法和形式手段的分类统计

表 4-1 统计了在本书使用的语料中首次提及人物实体时,说话者使用的名词性词语类型以及它们在句法位置上的分布情况。

表 4-1 引入新实体的名词性词语类型及其句法位置的分类统计

句法位置名词词语类型	存现句 存现动词宾语	非存现句 主语	动词宾语	介词宾语	是字宾语	领属词语	总计
C1（光杆专有名词）	12 20.7%	31 53.4%	6 10.3%	4 6.9%	3 5.2%	2 3.4%	58 33.5%
C2（限定语+专名）	2 12.5%	8 50%	4 25%	2 12.5%			16 9.2%
C3（关系句+专名）		2 100%					2 1.2%
D1（光杆普通名词）	1 5%	12 60%	5 25%	1 5%	1 5%		20 11.6%
D2（指示词+普名）	4 30.8%	7 53.8%	1 7.7%	1 7.7%			13 7.5%
D3（限定语+普名）		10 83.3%		1 8.33%	1 8.33%		12 6.9%
D4（关系句+普名）		6 54.5%	3 27.3%		2 18.2%		11 6.4%
D5（数+量+普名）	9 26.5%	12 35.3%	9 26.5%	1 2.9%	3 8.8%		34 19.7%
D6（量词+普名）	5 71.4%			1 14.3%	1 14.3%		7 4.0%
总计	33 16.8%	88 49.1%	28 19.7%	11 6.4%	11 6.9%	2 1.2%	173 100%

表 4-1 的统计数据表明,说话者首次将听话者不熟悉的语篇实体引入语篇模型时,在四类名词性词语中,只使用专有名词和普通名词指称这些不熟悉的实体,而没有出现运用代词和零形代词指称听话者不熟悉的实

体的例子①。在所有名词词语中，使用得最多的是 C1 组（光杆专有名词），有 58 例，占 33.5%，其次是 D5 组（数词 + 量词 + 名词），有 34 例，占 19.7%；运用得最少的是 C2 组（关系小句 + 专有名词），仅有 2 例，占 1.2%，其次是 D6 组（量词 + 普通名词），有 7 例，占 4%。

从句法位置上看，出现在主语位置上的名词词语最多，有 85 例，占 49.1%，其次是出现在动词宾语和存现动词宾语位置上的名词词语，分别有 34 例和 29 例，分别占 19.7% 和 16.8%；出现在领属语位置上的名词词语最少，仅有 2 例，占 1.2%，其次是出现在介词宾语和"是"字宾语位置上的名词词语，分别有 11 例和 12 例，分别占 6.4% 和 6.9%。

第二节　引入新实体的句法手段

语篇首次引入新实体时，使用的句法手段主要体现在两个方面：一方面是采用何种句式引入新实体，另一方面是新实体位于哪种句法位置，这两个方面密切相关。本节结合句法位置集中讨论引入新实体时的句式特征。本书将说话者运用的句式分为存现句和非存现句两大类②。

一　存现句

存现句典型地用于将一个新实体引入语篇，语料统计表明 16.8% 的实体用存现句引入。现代汉语的存现句有以下四种主要类型：（1）由动词"有"构成的存现句，该句型单纯地表示事物的存在。（2）表示某人

---

① 本书语料中出现过用零形代词和代词引入一些任意指称对象（arbitrary reference）。例如：

（1）所谓坡头村，顾名思义，就是坡头上的一个村子。ø 出了村子往上走，沟深不见底，坡长不见头，乱草丛生。　　　　　　　　　　　　　　　　　　　　　　　　《状》

（2）"给你说你别不信，你有好事了！"姜干部在坡头村截住冯来财，在给他报告好消息时，胖乎乎的一张圆脸笑成了一朵花。　　　　　　　　　　　　　　　　　　　　　　《状》

例（1）中的零形代词"ø"指称的是一个任指对象，而不是语篇中的某个实体。整句的意思是任何一个人只要出了村子往上走，都会看到不见底的深沟和不见头的长坡。例（2）中的人称代词"你"指称"冯来财"，"你"在语篇中比"冯来财"先出现，但是"你"出现在直接引语中。由于语料中零形代词和人称代词用法的特殊性，本书不把它们看做首次向语篇引入实体。

② 存现句是非典范（non - canonical）的句式，是说话者引入语篇实体时经常采用的一种句式，因此本书将它单列为一类。语料中出现的非存现句都是典范（canonical）句式，下文将非存现句称为典范句式。

或者某物所在处所的存现句，该句型通过各种具体动词把事物存在的方式或状态形象地描写出来，例如"住（着）"、"站（着）"等。该类存现句又称为存在句。（3）表示出现或者消失了某人或者某物的存现句，动词主要是趋向动词和动趋组合，例如"走来"；少数不带趋向动词，例如"出现"等。该类存现句又称为隐现句①。（4）表示某一事件或经历的结果，某人或某物出现于情境的存现句，常见动词如"生（了）"、"娶（了）"②。下面分别列举四类存现句在语料中出现的例子（下列例句中画线名词词语指称的实体是首次引入的新实体）：

（一）由动词"有"构成的存现句

（1）他自居老虎，可惜没有儿子，只有<u>个三十七八岁的虎女</u>——知道刘四爷的就必也知道虎妞。　　　　　　　　　　　　　　　（《骆》）

（2）曹先生是非常和气的人，而且家中人口不多，只有<u>一位太太，和一个小男孩</u>。　　　　　　　　　　　　　　　　　　　　　　（《骆》）

（二）表示新实体所在处所的存现句

（3）北房里住着<u>丁约翰</u>，信基督教，在东交民巷的"英国府"摆台的。　　　　　　　　　　　　　　　　　　　　　　　　　　　　（《四》）

（4）这个门里住着<u>一家姓钱的</u>，他们搬走过一次，可是不久又搬了回来，前后在这里已住过十五六年。　　　　　　　　　　　　　（《四》）

（三）表示新实体出现的存现句

（5）坐了一会儿，院中出来<u>个老者</u>，蓝布小褂敞着怀，脸上很亮，一看便知道是乡下的财主。　　　　　　　　　　　　　　　　　（《骆》）

（6）灯光下走来<u>个四十多岁的男人</u>，他似乎认识这个人的面貌态度，可是不敢去招呼。　　　　　　　　　　　　　　　　　　　　（《骆》）

---

① 在引入语篇实体时，只有表示人或事物出现的隐现句。

② 李临定在《现代汉语句型》（商务印书馆1986年版）讨论存现句时，只包括本书列举出的前三种类型，这基本上能代表学界的共识。本书将第四种类型看做一种广义的存现句，借鉴了许余龙（2004）的方法。

（四）作为事件的结果而出现的新实体的存现句

（7）她曾经看见过一位极俊美的青年娶了<u>一个五十多岁，面皮都皱皱了的，暗娼</u>。这个老婆婆的绰号是"佛动心"。　　　　（《四》）

（8）（夏先生）最近娶了<u>个姨太太</u>，不敢让家中知道，所以特意的挑个僻静地方另组织了个小家庭。　　　　（《骆》）

存现句将一个新实体引入语篇模型之后，说话者不一定立即跟踪它。从认知角度看，说话者是否立即回指刚引入的实体，取决于说话者的认知注意状态。如果说话者将该实体选择为进一步加工处理的对象，那么在接下来的语句将跟踪它。从语言特征角度看，说话者是否立即回指刚引入的实体，同存现句的类型有很大的关联。在四类存现句中，第三类（隐现句）引入的新实体被立即跟踪的概率最大，它往往成为下一句的话题，第二类（存在句）引入的新实体也常常被说话者立即跟踪。因为在这两类存现句中，除了句首处所名词词语表示的空间实体之外，该句中一般只有当前新引入的实体。在这样的语篇环境中，同新实体竞争成为先行词的实体几乎没有。除非说话者将他的注意转移到其他实体，否则，该新实体就自然而然地成为说话者当前的注意对象。第一类和第四类存现句引入的新实体被立即跟踪的可能性较小。因为这两类句子中常常有两个人物实体，即位于话题（主语）位置上的熟悉实体和宾语位置上的新引入的实体。说话者的注意对象能否从话题位置上的已知人物实体转移到宾语位置上新引入的人物实体，这将取决于说话者当时的注意状态。存现句引入实体时的回指现象，本书第五章将详细讨论。

二　典范句式

说话者首次将一个新实体引入语篇模型时主要运用典范句式。语料统计表明83.2%的新实体是通过典范句式引入的。引入的新实体既能够出现在主语位置上和行为动词的宾语位置上，又可以出现在"是"做谓语的句子中，甚至出现在"把"字和"被"字的宾语位置上。下面讨论三种比较特殊的典范句式。

（一）"是"做谓语的句子

（9）每逢战争一来，最着慌的是<u>阔人们</u>。他们一听见风声不好，赶

快就想逃命；钱使他们来得快，也跑得快。 （《四》）

（10）<u>孟太太</u>是掉了一个门牙的，相当结实的中年妇人，看样子也不会不老实。 （《四》）

例（9）中的"阔人们"出现在"是"的宾语位置上，例（10）中的"孟太太"出现在句子的主语位置上。"是"字句引入的新实体，在接下来的语句中常常对它立即跟踪回指。

（二）把字句

（11）晚饭的号声把<u>出营的兵丁</u>唤回，有几个扛着枪的牵来几匹骆驼。 （《骆》）

（12）二太太把<u>个刚到一周岁的小泥鬼</u>交给了他。 （《骆》）

例（11）中"出营的兵丁"和（12）句中的"（一）个刚到一周岁的小泥鬼"出现在把字句中，用作介词"把"的宾语。

（三）被字句

（13）及至到了后山，他只顾得爬山了，而时时想到不定哪时他会一跤跌到山涧里，把骨肉被<u>野鹰们</u>啄尽，不顾得别的。 （《骆》）

（14）（宋建平）被<u>他从前一个下属</u>拉住，那人二话不说，把自己的墨镜摘下来，架在宋建平的鼻子上。 （《中》）

例（13）中的"野鹰们"和（14）句中的"他从前一个下属"出现在被字句中，用作介词"被"的宾语。

第三节 引入新实体的形态手段

现代汉语书面语篇首次引入语篇实体采用的形态手段是使用不同编码形式的名词词语指称新的语篇实体。下面分别讨论上文统计表中出现的各类名词词语。

一 专有名词

本书所指的专有名词包括人物的姓名（姓、名或者绰号）、亲属称谓名词、官职称谓名词、敬称等。请看下面的例子：

（1）北房里住着<u>丁约翰</u>，信基督教，在东交民巷的"英国府"作摆台的。 （《四》）

（2）林小枫收拾厨房，爸爸<u>林父</u>妈妈<u>林母</u>去了客厅。 （《中》）

（3）这时候，李四爷已立起来，轻轻的和<u>白巡长</u>谈话。白巡长已有四十多岁，脸上剃得光光的，看起来还很精神。 （《四》）

（4）他想把这个宝贝去交给<u>张妈</u>——一个江北的大脚婆子。找到她，劈面就被她骂了顿好的。 （《骆》）

例（1）中的"丁约翰"是人物姓名，（2）句中的"林父"、"林母"是亲属称谓名词，分别指称林小枫的父母亲，（3）句中的"白巡长"是姓名兼官职称谓名词，"白"是姓，"巡长"是官职，（4）句中的"张妈"是敬称。

专有名词通常用来指称小说中的主要人物。在我们选取的小说语料中，人物参与者都不是现实世界中存在的真实人物，而是说话者虚构的故事世界中的非现实人物。对听话者来说，首次引入的人物实体都是新实体，不是未使用的实体。同时，专有名词引入的是单个的专指的实体，听话者能够将该实体从其他实体中挑选出来，因此专有名词引入的是唯一可识别的实体。

根据语料统计的结果，说话者用专有名词引入新实体时，有三种不同的编码形式：一是光杆专有名词（C1 组）；二是限定语充当修饰语的专有名词词语（C2 组）；三是关系小句充当修饰语的专有名词词语（C3 组）。下面分别论述以上三类名词词语。

（一）光杆专有名词（C1 组）

光杆专有名词在所有用来引入新实体的名词词语中数量最多，占33.5%。它能出现在所有能够出现的句法位置上。光杆专有名词引入的新实体，可分为两类：全新的和可推测的可识别的实体。下面先看用专有名词引入全新可识别的实体的例子：

(5) 我们所要介绍的是祥子，不是骆驼，因为"骆驼"只是个外号。

（《骆》）

(6) 祁老太爷什么也不怕，只怕庆不了八十大寿。在他的壮年，他亲眼看见八国联军怎样攻进北京城。（《四》）

(7) 林小枫骑车下班，阵风吹来，将路人的谈话送进了她的耳朵。

（《中》）

(8) 忽然间就想起了陈华。陈华是他（刘东北）初中时期的班主任兼数学老师。

（《中》）

(9) "瑞宣还没回来哪？"（祁）老人问。瑞宣是他的长孙。（《四》）

例（5）中的"祥子"、例（6）中的"祁老太爷"、例（7）中的"林小枫"、例（8）中的"陈华"、例（9）中的"瑞宣"指称的都是全新实体。由于它们是新实体，因此在听话者的长期记忆中没有储存这些实体，这要求听话者在语篇模型中为这些实体建立心理档案。上面的例（5）、例（6）、例（7）三句还是三部长篇小说开篇的第一句，"祥子"、"祁老太爷"和"林小枫"这三个实体不仅是首次引入语篇的实体，而且还是引入语篇的第一个实体。由于小说开篇没有任何语境基础，说话者无法将它们同交际双方共有的知识联系起来，对听话者来说，这三个实体的引入让听话者感到有点突然。例（8）和例（9）两句中的"陈华"和"瑞宣"虽然也是首次引入听话者的语篇模型中的全新实体，但是说话者引入它们的方式不同于"祥子"、"祁老人"和"林小枫"三个实体。说话者将"陈华"、"瑞宣"引入语篇之后，补充说明它们同已知人物实体的关系，将它们同已知实体联系起来。例（8）在后续句补充说明"陈华"是"他（刘东北）初中时期的班主任兼数学老师"，例（9）在后续句补充说明"瑞宣"是"祁老人的孙子"，其中"他（刘东北）"和"祁老人"都是已知实体。

下面讨论专有名词引入可推测的可识别的实体的例子：

(10) 这回是在杨宅。杨先生是上海人，杨太太是天津人，杨二太太是苏州人。

（《骆》）

(11) 二强嫂是全院里最矮最丑的妇人，囔脑门，大腮帮，头上没有什么头发，牙老露在外边，脸上被雀斑占满，看着令人恶心。（《骆》）

（12）<u>钱太太</u>与媳妇已经都哭傻了，张着嘴，合着眼，泪与鼻涕流湿了胸前，她们的哭声里并没有一个字，只是由心里往外倾倒眼泪，由喉中激出悲声。 （《四》）

例（10）句中的"杨先生"、"杨太太"和"杨二太太"是首次引入的新实体，但听话者通过上句提及的"杨宅"，可以推测出"杨先生"应该是"杨宅"的男主人，"杨太太"和"杨二太太"是"杨先生"的两个太太。例（11）句中的"二强嫂"也是首次引入的新实体。说话者在上文已经引入了"二强子"，它是听话者熟悉的实体。听话者根据常识能够推测出"二强嫂"是"二强子"的妻子。类似的，说话者也能从语篇模型中推知例（12）句中的"钱太太"是"钱先生"的妻子。因此，以上的专有名词"杨先生"、"杨太太"、"杨二太太"、"二强嫂"、"钱太太"引入语篇的都是可以推测的实体。

（二）限定语＋专有名词词语（C2 组）

C2 组中的限定语主要是处所词语，名词词语出现在句子主语和动词宾语的句法位置上。请看下面的例子：

（13）<u>杂院里的二强子</u>正要卖车。二强子在去年夏天把女儿小福子——19 岁——卖给了一个军人。 （《骆》）

（14）这里，我要不在这里，告诉<u>后院的明月和尚</u>，他是咱们的人。 （《四》）

（15）<u>左宅的王二</u>，鼻子冻得滴着清水，在门洞儿里跺去脚上的雪。 （《骆》）

例（13）中的处所词语"杂院里"修饰新实体"二强子"，例（14）中的处所词语"后院"限制"明月和尚"，例（15）中"左宅"修饰"王二"。这些处所词语指称的都是已经引入语篇模型的空间实体。说话者用处所词语修饰引入的新实体，从空间上给新实体定位，增强了听话者对新实体的可识别程度。以上 3 个例子中画线的名词词语引入的新实体是可定位的可识别的实体。

（三）关系小句＋专有名词（C3 组）

在本书选用的语料中，仅有两例 C3 组名词词语，这些名词词语都是充当句子的主语成分。请看下面的例子：

（16）<u>种着他（祁老人）的三亩地的常二爷</u>——一个又干又倔，而心地极好的，将近六十岁的，横粗的小老头儿——进城来看他。　（《四》）

（17）后来，<u>说相声的方六</u>有一天被约去广播，得了一点报酬，买来一架，为的是向他太太示威。　　　　　　　　　　　　（《四》）

例（16）用关系小句"种着他的三亩地"修饰"常二爷"，指明了常二爷的职业以及同祁老人的关系。例（17）用关系小句"说相声"修饰"方六"，说明方六的职业。关系小句充当修饰语增加了专有名词引入的新实体的可识别程度，从人物的职业上给新实体定位，我们把以上两例中的专有名词词语引入的实体称为可定位的可识别的实体。

上文分别考察了三类专有名词引入新实体时的用法特点。专有名词指称的语篇实体在故事世界里一般是独一无二的，也就是说，这些实体是唯一可识别的。但是，说话者在运用专有名词引入新实体时，没有因为它们指称的新实体是唯一确定的，而全部使用光杆专有名词引入新实体。我们在本书选用的语料中发现，说话者常用 C2 或者 C3 组的名词词语引入新实体，即使是运用 C1 组的光杆专有名词引入新实体，说话者一般会在接下来的语篇中补充说明该实体同语篇模型中的已知实体的关系。专有名词引入新实体的用法表明，说话者尽量在特定的人群关系和空间位置上给新引入的语篇实体定位，增加新实体的相关信息，增强听话者对新实体的可识别程度。

二　普通名词

说话者使用普通名词向语篇引入新实体时，共有以下六种不同的编码形式：

（一）光杆普通名词（D1 组）

表 4-1 的统计数据表明，光杆普通名词引入新实体时，它们能出现在主语位置上和所有句型的宾语位置上。请看下面的例子：

（18）<u>妇女们</u>赶着打扮；<u>老人们</u>早早的就出去①，唯恐腿脚慢，落在

———————

① 老舍文中的"的"、"地"和"得"都写作"的"。

后边。 （《骆》）

（19）车夫急着上雨布，铺户忙着收幌子，小贩们慌手忙脚的收拾摊子，行路的加紧往前奔。 （《骆》）

（20）愣愣磕磕的祥子看着杠夫把棺材埋好，他没有哭。 （《骆》）

（21）可是在第四天上，来了女客，张妈忙着摆牌桌。 （《骆》）

光杆普通名词在形态上有两种编码：一种是带有后缀"们"的普通名词，如（18）句的"妇女们"、"老人们"，（19）句的"小贩们"；另一种是没有带后缀"们"的普通名词，如（19）句的"车夫"、"铺户"，（20）句的"杠夫"，（21）句的"女客"。

例（18）和（19）中画线的光杆普通名词位于主语位置上，如果我们删除或者添加后缀"们"，都不影响该句的合法性。

（18'）妇女赶着打扮；老人早早的就出去，唯恐腿脚慢，落在后边。 （《骆》）

（19'）车夫们急着上雨布，铺户们忙着收幌子，小贩慌手忙脚的收拾摊子，行路的加紧往前奔。 （《骆》）

因此，不管位于主语位置上的普通名词是否带有后缀"们"，它们在指称上是类指，指称特定情景中的具有该类特征的人物实体。因此，例（18）和例（19）中的普通名词指称的是全新的未识别的实体，但它们指称的是一类实体，而不是某一个体。

例（20）中的"杠夫"位于及物动词宾语的位置，说话者借助情境可以推知它指称的是给"虎妞"出殡的所有杠夫，是可推测的未识别的实体。

例（21）中的"女客"做存现动词"来"的宾语，它指称的是全新的未识别的实体，而不是指称一类实体。如果在名词"女客"之后添加后缀"们"，句子将不合语法。

＊（21'）可是在第四天上，来了女客们，张妈忙着摆牌桌。 （《骆》）

陈平（2004）在讨论现代汉语名词性成分的可识别性时，将光杆普通名词称为未辨形式（indeterminate expression），因为从它们本身的词汇形式或形态标志并不能分辨出它们指称的实体的认知状态是可识别的还是未识别的。也就是说，它们对于可识别与未识别范畴而言是中性的（neutral）。

从频率上来说，多数未辨形式的所指实体是可识别的还是未识别的同该名词性词语在句子中的句法位置密切相关。陈平（2004）考察了24个汉语民间故事，选取了五个句法位置：主语、"把"字宾语、及物动词句的动词宾语、存现动词"有"的宾语、一般存现句的动词宾语，统计了位于这五个句法位置上的光杆普通名词可识别/未识别范畴的分布①。统计数据表明，位于主语和"把"字宾语位置上的光杆名词指称的96%以上是可识别的实体；位于动词"有"和存现动词宾语位置上的光杆名词指称的都是未识别的实体；位于及物动词宾语位置上的光杆名词指称的实体没有明显的可识别或者未识别的倾向②。

（二）指示代词＋普通名词（D2 组）

D2 组名词词语引入新实体时，可用作句子的主语和非存现句的动词的宾语。请看下面的例子：

（22）橱窗里那个脸蛋儿红喷喷的小姑娘麻利地夹起一只鸭架放塑料袋里递出，"一块五！" 　　　　　　　　　　　　　　　　（《中》）

（23）自然，他既不瞎，必定也看见了那些老弱的车夫。他们穿着一阵小风就打透的，一阵大风就吹碎了的，破衣；脚上不知绑了些什么。

（《骆》）

（24）顶苦的是那些老人与妇女。老人们无衣无食，躺在冰凉的炕上，干等着年轻的挣来一点钱，好喝碗粥，年轻卖力气的也许挣得来钱。

（《骆》）

---

① 陈平（2004）统计的是24个民间故事中出现的所有普通光杆名词，而本书此处讨论的是引入新实体的光杆名词。

② 陈平将主语和"把"字宾语位置称为"有定倾向位置"，存现动词"有"和一般存现词宾语位置称为"无定倾向位置"。陈平使用的"有定"和"无定"是广义上的，相当于本书的"可识别"和"未识别"两个术语。

　　用来修饰名词词语的指示代词都是表示远指的代词：表示单指的"那个"和表示复指的"那些"。例（22）中的名词词语位于主语位置上，中心词"小姑娘"前面有复杂的修饰限定成分，增加了该名词词语指称对象的可识别性。本书主张"那个脸蛋儿红喷喷的小姑娘"指称的是全新的可识别的实体。例（23）和例（24）的名词词语位于宾语位置，虽然名词词语"那些老弱的车夫"和"那些老人与妇女"指称某一类实体，但听话者无法将它们同其他实体区分开。因此，这两个名词词语引入的是全新的未识别的实体。

　　冈德尔等人（1993）指出"这＋名词词语"的语言形式用来指称激活的实体。我们在本书的语料中也没有发现说话者运用"近指代词'这个'和'这些'＋名词词语"的编码形式引入新实体的例子。

　　（三）限定语＋普通名词（D3 组）

　　D3 组名词词语引入实体时，主要用作句子的主语。请看下面的例子：

（25）北平的洋车夫有许多派：年轻力壮，腿脚灵利的，讲究赁漂亮的车，拉"整天儿"，爱什么时候出车与收车都有自由。　　　（《骆》）

（26）铺户的徒弟们就已吃完早饭，来到此地。　　　　　　　（《骆》）

（27）山西的医生让他爸到北京的大医院来看，他想请北京的医生去山西给他爸看。　　　　　　　　　　　　　　　　　　　　（《中》）

（28）他立住，那辆自行车从车旁蹭了过去。车上的人还回头看了看。　　　　　　　　　　　　　　　　　　　　　　　　　（《骆》）

（29）"我一大学同学。毕了业不务正业，跑山西挖煤去了，没想到还真让他挖成了，现在光固定资产就上千万。"　　　　　　　（《中》）

　　充当中心语的限定语主要包括处所名词和人称代词。前者如（25）句中的"北平"、（26）句中的"铺户"、（27）句中的"山西"、（28）句中的"车上"；后者如（29）句中的"我"。例（25）中的"北平的洋车夫"和（26）中的"铺户的徒弟们"引入的是可定位的未识别的实体，处所词语"北平"和"铺户"限定了该类实体在空间上的位置。例（27）中的"山西的医生"引入的也是可定位的未识别的实体，处所词语"山西"在空间上给该实体定位。"山西的医生"指称的不是一类实体，而是该类中的某个或者几个实体。例（28）中的"车上的人"引入的是可推测的可识别的实体，上句的"那辆自行车"为听话者提供了认知框架，听话者由此能够推知"车上的人"是"那辆自行车"上的人。例(29)"我一大学同学"引入的是可定位的未识别的实体，是"我"的同学之一。

（四）关系小句＋普通名词（D4 组）

D4 组名词词语引入新实体时，主要用作主语和非存现句的动词宾语。请看下面的例子：

(30) 来了！电车刚由厂里开出来，<u>卖报的小儿</u>已扯开尖嗓四下里追着人喊："枪毙阮明的新闻，九点钟游街的新闻！" （《骆》）

(31) 他（刘四爷）的气儿塌下点去。看看<u>女客们携来的小孩子们</u>，他又羡慕，又忌妒，又不敢和孩子们亲近，不亲近又觉得自己别扭。

（《骆》）

(32) 祥子看<u>站岗的巡警</u>已经往这边走了两趟，觉得不是劲儿。

（《骆》）

以上三个例子中的关系小句的作用同第三节一样，它们用来限定中心语所指称的实体的行为、职业或者同其他人物的关系。例(30)中的"卖报的小儿"在句子主语的位置上，它引入的实体是可定位的未识别的类。例(31)中的"女客们携带来的小孩子们"位于宾语位置，它引入的是可定位的未识别的实体，这些实体是一个集合而不是个体。例(32)中的"站岗的巡警"在宾语位置，它引入的是可定位的未识别的个体。

（五）数词＋量词＋普通名词（D5 组）

D5 组名词词语引入新实体时，典型地做存现句动词的宾语，也有相当一部分名词词语做非存现句的宾语。许余龙（2004：163）指出该类名词词语经常做三类动词的宾语：第一类是存现动词；第二类动词包括一些感悟动词，如"看见"，以及含有后缀"出"的动词表达式；第三类是一些使役动词和行为动词。上表显示，该类名词词语还可用作动词"是"的宾语，甚至用作介词的宾语。请看下面的例子：

(33) 厂子里平常总住着<u>二十来个车夫</u>；收了车，大家不是坐着闲谈，便是蒙头大睡；祥子，只有祥子的手不闲着。 （《骆》）

（34）他看到<u>一个小偷</u>正要偷一个人的东西，就告诉了舅舅。

（《中》）

（35）主刀是<u>一位美国医生</u>，宋建平是他的助手。　　（《中》）

（36）娟子确实在家，确实和<u>一个男人</u>一起。但这男人不是宋建平，是那个她去国际大酒店约会的男生。

（《中》）

（37）大家都让<u>一个四十多岁的高个子</u>在前头走。　　（《骆》）

例（33）至例（36）的四个句子中的名词词语引入的实体都是未识别的实体。同前面几个例子不同的是，例（37）中的"一个四十多岁的高个子"引入的是可定位的未识别的实体。因为听话者从上文能够推知"高个子"是除了祥子之外的三位车夫中的某一个人。

该类名词词语还可以出现在句子主语的位置上，在本书选用的语料中有12例。请看下面的例子：

（38）又拉上个买卖了，这回是帮儿车，四辆一同走……<u>一个二十多岁矮身量的小伙子</u>接过来："不屈心，我们三个都够棒的，谁没出汗？"

（《骆》）

（39）有一年国庆节，科里搞联欢。卡拉OK时，<u>一位刚分来的大学生</u>独出心裁地唱起了舒伯特的小夜曲。　　（《中》）

（40）<u>一个男子</u>骑着辆女车过来，瞥了宋建平一眼，正要骑过去时，忽然手机铃响起，把男子吓了一跳，过一会儿才反应过来铃声的出处。

（《中》）

例（38）、（39）中的名词词语引入的实体也是可定位的未识别的实体。例（38）中的"小伙子"是"四位车夫"中的一位，例（39）中的"大学生"是"科里"的一名员工。例（40）中的"一个男子"引入的是全新的未识别的实体。当全新的未识别实体在主语位置出现时，往往让听话者感到有些突然。

（六）量词＋普通名词（D6组）

D6组名词词语在引入新实体时，典型地做存现句动词的宾语。请看下面的例子：

(41) 坐了一会儿，院中出来<u>个老者</u>，蓝布小褂敞着怀，脸上很亮，一看便知道是乡下的财主。 （《骆》）

(42) 灯光下走来<u>个四十多岁的男人</u>，他似乎认识这个人的面貌态度，可是不敢去招呼。 （《骆》）

(43) 出来<u>个又高又瘦的人</u>，口中正嚼着一口什么东西。他象个大烟鬼。 （《骆》）

(44) 学校里有<u>个叫阮明的学生</u>，一向跟曹先生不错，时常来找他谈谈。 （《骆》）

例（41）句中的"（一）个老者"，例（42）句中的"（一）个四十多岁的男人"，例（43）句中的"（一）个又高又瘦的人"都用作表示"出现义"的动词的宾语。这三个例子中的名词词语引入的都是全新的未识别的实体。例（44）句中的"（一）个叫阮明的学生"出现在"有字句"的宾语位置，该名词编码在量词和名词之间有一个关系小句，它引入的是可推测的可识别的实体。以上由存现句引入的全新实体，常常在说话者当前注意中心。因此，它们非常可能是后续句的话题。

有时候，D6 组名词词语还可以出现在把字句中，用作介词"把"的宾语。这种情况我们在语料中仅发现 1 例。

(45) 二太太把<u>个刚到一周岁的小泥鬼</u>交给了他。 （《骆》）

例（45）句中的"（一）个刚到一周岁的小泥鬼"是一个可定位的实体，因为说话者在上文已经介绍了杨家"一位先生，两位太太，南腔北调的生了不知有多少孩子"。听话者从上文可以推知"一周岁的小泥鬼"是杨家众多孩子中的某一个。例（45）同上面四个例子不同的是，名词词语"（一）个刚到一周岁的小泥鬼"将实体引入语篇之后，接下来几乎再没有提及该实体。

莱昂斯（C. Lyons，1999：33）把无定指称分为"简单无定形式"（simple indefinite noun phrase）和"复杂无定形式"（complex indefinite noun phrase）。前者指名词前面除"一 + 量"之外，不再有其他修饰语，如（40）句中的"一个男子"；后者指名词前面还有其他修饰限制成分，如（43）句中的"（一）个又高又瘦的人"。中心词前的修饰限制成分越多，该名词词语指称的实体的可识别性就越高；反之则越低。说话者通常情况下使用"复杂无定形式"来指称新实体，提高该实体的可识别性。因此，不同编码形式指称的未识别的实体在认知状态上有程度差异。

第四节　非首次提及语篇实体时的形态手段

新实体引入听话者的语篇模型之后就是已知实体。说话者假定听话者已经熟悉该实体，并根据自己的语篇模型评估听话者的认知状态。当下文再次提及已知实体时，说话者对这些熟悉的实体又是怎样编码的呢？语料显示，用来指称已知实体的名词词语的编码形式有零形代词、代词、专有名词和普通名词四种类型。本书第五章将详细讨论这四类名词词语指称已知实体的规律，本节集中考察说话者用专有名词和普通名词指称熟悉的实体时，同首次引入新实体相比，在编码形式上的变化。

一　专有名词编码类型的变化

用专有名词回指某一已知实体时，由于所指对象已引入听话者的语篇模型，它是听话者唯一可识别的熟悉实体，所以说话者再次提及它时，不需要补充任何帮助听话者识别该实体的新信息。本书语料佐证了以上的论断，我们发现专有名词的编码形式主要是光杆专有名词，很少发现说话者运用 C2 组（限定语 + 专有名词）和 C3 组（关系小句 + 专有名词）那样的编码形式来指称已知实体，也就是说，说话者不再用处所词语或者关系从句修饰成分来限定专有名词。语料中也有少数专有名词前有修饰语，请看下面的例子：

（1）他没别的办法，只好去投降！一切的路都封上了，他只能在雪白的地上去找那黑塔似的虎妞。　　　　　　　　　　　　　　　（《骆》）

（2）乐观了一辈子的祁老人说了丧气话："四爷！受一辈子苦倒不算什么，老了老了的教日本人收拾死，才，才，才……"他说不下去了。

（《四》）

（3）一向沉稳老练的李四爷现在显出不安与急躁。　　　（《四》）

例（1）、（2）、（3）三句中的专有名词"虎妞"、"祁老人"和"李四爷"的前面虽然有修饰成分，但是这些修饰语的作用不是帮助听话者熟悉这些实体，而是用来描写人物的外貌、性格特征，它们的作用同 C2 和 C3 组中的修饰语的作用明显不同。

二 普通名词编码类型的变化

说话者运用普通名词指称熟悉的实体时，在编码类型上以 D1 组（光杆名词）和 D2 组（指示代词＋普通名词）为主，请看下面的例子：

（4）老人们无衣无食，躺在冰凉的炕上，干等着年轻的挣来一点钱，好喝碗粥，年轻卖力气的也许挣得来钱，   （《骆》）

（5）骆驼不会过山，他一定是来到了平地。   （《骆》）

（6）打开烟盒，他想起门外的那个兵，赶紧把盒子递过去，卖个和气。   （《骆》）

（7）那个拿着碗酒的中年人，已经把酒喝净，眼珠子通红，而且此刻带着些泪。   （《骆》）

（8）见了那个破大门，好像见了多年未曾回来过的老家。 （《骆》）

在语料中，我们很少发现 D3 组（限定语＋普通名词）和 D4 组（关系小句＋普通名词）的名词词语，却发现说话者把熟悉的实体编码为 D5 组（数词＋量词＋普通名词），而 D5 组通常用来指称一个说话者假定听话者不熟悉的实体。

三 编码类型变化的原因分析

陈平（1986）指出，说话者在非首次提及语篇实体时，有时会把已知实体作为未识别的对象介绍给听话者，在语法形态上编码为不定形式（indefinite）。陈平把这种现象概括为两类：第一类称为补救再引入（remedial reintroduction）；第二类称为视角转移（switch of perspective）。

（一）补救再引入

补救再引入有三种情况：

第一种情况，由于说话者对实体熟悉程度的错误假设，说话者使用不合适的编码形式，将听话者未识别的实体当作熟悉的实体引入语篇。许多情况下，说话者很快意识到会造成混乱，然后把该实体作为全新实体重新引入语篇。请看下面的例子：

(9) 那他就把帽子拿去还他……当中有<u>一个男孩子</u>回来的时候，就是拿帽子给他的那个男孩子，就又拿了他的三个梨子。

（陈平，1986：72）

例（9）中，说话者先用人称代词"他"指代听话者不熟悉的实体"拿帽子给他的那个男孩子"，后来又用"一个男孩子"这样的不定形式将它作为全新实体重新引入语篇。

第二种情况，说话者将未识别的全新实体引入语篇之后，对先前的名词词语的编码不满意，认为修饰限制成分太少而不能引起听话者的注意。作为补救手段，说话者将它重新引入。再次引入时，说话者使用的名词词语的编码比第一次更合适或更详细，以便增强新实体的可识别性。请看下面的例子：

(10) 有<u>一个人</u>……<u>一个牧羊人</u>，牵着一头羊。（陈平，1986：73）

例（10）中的"一个牧羊人"是"一个人"的强化，强化之后提高了该实体的可识别程度，但说话者没有将它编码为一个熟悉的实体。

第三种情况，说话者将全新实体引入语篇之后，但故事的线性顺序因说话者跟踪其他实体而被打断，没有给引入的新实体增加新的信息。当说话者回到叙述的自然顺序时，忽视上文已经把新实体引入语篇，而把它作为不熟悉的全新实体重新引入。请看下面的例子：

(11) 有<u>一个人</u>，啊，这就是刚才我们听到那个羊叫的声音。有<u>一个人</u>，啊，牵着一头羊走过来。（陈平，1986：74）

在本书选用的语料中，我们没有发现补救再引入的例子。书面语料可能不易出现这种语言现象。从上面引用的几个例子可以看出，出现补救再引入的主要原因是说话者的口误。而书面语篇几乎不存在作者的口误现象，除非作者有意识地记录说话人真实的口语资料，否则不会把口误现象呈现给读者。这反映了口语和书面材料之间的差异。

（二）视角转移

语篇把一个已知实体作为一个新实体来引入的另一个因素是说话者转

移了叙述视角。所有的语言都要从某一视角表达概念内容，一般情况下，默认的视角是说话者（即认知主体），但也可能从其他视角表达思想。切夫（1979）提出说话者可以在两个视角或者两个世界中选择：一个是"内部"视角或者"故事"（film）世界，说话者叙述事件时，好像他就在故事之中，是故事的参与者之一；另一个是"外部"视角或者"真实"世界，说话者描述事件时，他是一个观察者。当说话者的视角从一个世界转移到另一个世界时，说话者假想的熟悉往往不起作用。请看下面的例子：

（12）突然，<u>一个年轻人</u>一跃而起，随着音乐跳起了迪斯科，紧接着，<u>一个女孩儿</u>随之跃起，与年轻人对舞，顷刻间，气氛如火上浇油，嘭一下子爆炸劲烧，叫声、掌声、口哨声，直冲草原夜空。年轻人是<u>刘东北</u>，女孩儿不用说，是<u>娟子</u>。 （《中》）

（13）<u>姜干部</u>前脚走，<u>冯来财牵头黑眼圈公羊</u>后脚跟，这就到了热闹的乡街上。……乡街上的美发店本来就小，三张椅子，有两张上坐着客人，正无比舒服地接受着美发师的服务。突然闯进来<u>两个人一只羊</u>，地方便显得逼仄了。 （《状》）

例（12）中的"一个年轻人"和"一个女孩儿"分别指"刘东北"和"娟子"，他们本来是听话者熟悉的两个实体。说话者却把他们看作两个全新实体，用"数词＋量词＋名词"的编码形式指称他们。说话者的叙述视角从外部转移到内部，自己好像是现场的一位不认识"刘东北"和"娟子"的观众。例（13）中的"两个人"指"姜干部和冯来财"，"一只羊"指"黑眼圈公羊"，后者都是听话者熟悉的实体。说话者从故事世界中的参与者的视角叙述事件，把他们都当作不熟悉的实体进行编码。

语料中还存在另外一种视角转移，说话者从故事世界中的不同参与者的角度叙述事件，指称同一个实体。请看下面引自《四世同堂》中的例子：

（14）a. 儿子（天佑）已经是过了五十岁的人，而儿媳的身体又老，那么病病歪歪的，所以祁老太爷把长孙媳妇叫过来。

b. 父亲挣钱有限，而且也是五十好几的人。<u>母亲</u>有病，禁不起惊慌。

c. 小顺儿吓愣了，忙跑到祖母屋里去。<u>祖母</u>微弱的声音叫着，"老三！老三！"

d. 和老父亲搭讪了几句，天佑到自己屋里看看<u>老伴儿</u>。

e. 瑞宣与瑞全都看不上老二。可是祁老人，天佑，和<u>天佑太太</u>都相当的喜欢他，因为他的现实主义使老人们觉得他安全可靠，不至于在外面招灾惹祸。

f. 再说呢，年年拜月，今年也似乎未缺少，特别是在<u>婆婆</u>正卧病在床的时候。

以上六个例句是按照它们在小说语篇出现的先后顺序抄录下来的，画线名词词语指称的是同一个语篇实体"天佑的太太"。除了（14e）是从说话者的视角指称"天佑的太太"之外，其他指称形式都是从故事世界中的参与者的视角编码的。（14a）中的"儿媳"是从祁老人的视角指称"天佑的太太"，（14b）中的"母亲"是从瑞宣的视角指称"天佑的太太"，（14c）中的"祖母"是从孙子"小顺儿"的视角指称"天佑的太太"，（14d）中的"老伴儿"是从丈夫"天佑"的视角指称自己的太太，（14f）中的"婆婆"是从儿媳妇"韵梅"的视角指称"天佑的太太"。

第五节　语篇实体的重要性同形态手段的关系

本章前四节着重考察了说话者编码新实体和熟悉实体的形态手段，本节研究语篇实体的重要性同说话者编码语篇实体的形态手段的关系。语篇实体的重要性可以从两个不同的角度进行理解：

第一，重要的语篇实体指语篇中的重要人物（protagonist）。在语篇中，不同参与人物的重要性是不同的：有的人物在推动语篇展开的过程中很重要，他们引入语篇模型之后，说话者会在接下来的语篇中经常提及他们；有的人物对语篇展开的作用不太重要，他们引入语篇模型之后，说话者在接下来的语篇中不经常或者很少提及；有的人物的重要性很低，他们仅仅是动作行为的一个道具（prop），他们引入语篇之后，说话者在接下来的语篇中几乎不再提及。因此，重要人物在语篇中提的次数比非重要人物提及的次数多得多。

第二，重要的实体指该实体是说话者当前谈论的话题。当前的话题，非常容易成为后续句子或者小句的话题。本书所谓重要的实体指是第一种意义的实体，即语篇中重要的参与人物。一般情况下，重要的人物比其他人物更容易成为说话者当前谈论的话题，因此，两者是相互联系的。在言语生成过程中，说话者通常借助句法手段表明某一实体是当前话题，运用形态手段来标示某个语篇实体是重要人物①。

说话者对语篇实体的编码形式同该实体的重要性有密切的联系，许多学者已经注意到这种现象，并做了深入的研究。桑福德等（1988）在阅读和写作实验研究报告中指出专有名词指称的个体"在整个叙述体中，同用角色描述而指称的个体相比（专有名词指称的个体——作者注），更可能是一个重要的人物"。桑福德等人的结论表明用专有名词编码的实体具有很高的主题重要性。基翁（1990：937）有类似的主张"专有名词只指称在整体上重要的所指对象"。陈平（1986：69）根据名词的语义类别统计了名词词语编码形式的分布状况，统计数据表明 98% 的故事人物在首次提及时，说话者使用不定的编码形式指称它们。许余龙（2004：159）对比统计由无定名词词语和光杆名词词语引入的语篇实体在其后提及的次数，结果显示由无定名词词语引入的语篇实体大约是光杆名词词语引入的实体次数的 6 倍。许余龙指出，"这清楚表明，总的来说，无定名词词语在汉语篇章中主要用于引入一个（潜在的）重要主题"。陈平和许余龙统计的对象和方法虽然不一样，但他们得出的结论都表明由不定名词词语引入的新实体很可能是重要实体②。

---

①　根据基翁（1990）对世界上许多不同语言的研究，从语言类型学的角度来说，句法话题标示手段有：（1）存现结构（existential‐presentative construction）；（2）Y—移位（Y‐movement）；（3）左偏置（left dislocation）；（4）右偏置（right dislocation）；（5）与格转移（dative‐shifting）；（6）提升（raising）。许余龙（2004：148）通过对比用存现结构和非存现结构引入的新主题在其后的篇章中提及的次数，指出"存现结构在篇章中不仅用于引入一个新主题，而且特别用来说明所引入的实体是一个重要的新主题，即那些最有可能在其后的篇章中重点谈论的主题"。本书的统计结果表明，存现句引入的语篇实体同该实体在语篇中的重要性没有必然的联系，它引入的实体可能是一个重要的语篇实体。由于句法手段同实体重要性的关系不是本节的研究重点，在此不展开讨论。

②　陈平的不定编码指语法上的无定，主要包括数词（一、一点、一些、几）＋量词＋名词的编码形式和代词"谁、什么"，许余龙的无定名词短语指形态上的无定，主要指（数词＋）量词＋名词的编码形式，相当于本书的 D5 和 D6 两组普通名词。两位学者所谓的不（无）定编码形式的范围基本相同。

　　为了验证以上学者的研究结论是否适合本书的语料事实，下面从两个方面统计名词词语引入的语篇实体及其后提及次数：一是将名词词语的编码形式分为专有名词和非专有名词；二是将名词词语的编码形式分为不定名词和非不定名词①。

表 4 - 2　　　　　　　　语篇中引入实体的名词词语分类统计

名词词语类型	指称实体数量	其后提及次数	
		提及总数	平均数
专有名词	76	12437	163.6
非专有名词	97	1038	10.7
合计	173	13475	77.9

　　表 4 - 2 统计结果显示，由专有名词引入语篇的实体，在其后的语篇中平均提及 163.6 次；而由非专有名词引入语篇的实体，在其后的语篇中平均仅提及 10.7 次；前者的次数是后者的 15.3 倍。这清楚地表明，说话者用专有名词来指称一个重要的人物实体。

表 4 - 3　　　　　　　　语篇中引入实体的名词词语分类统计

名词词语类型	指称实体数量	其后提及次数	
		提及总数	平均数
不定名词	41	600	14.6
非不定名词	132	12875	97.5
合计	173	13475	77.9

　　表 4 - 3 统计数据显示，由不定名词引入语篇的实体，在其后的语篇中平均提及 14.6 次；而由非不定名词引入语篇的实体，在其后的语篇中平均提及 97.5 次；后者是前者次数的 6.7 倍。将表 4 - 2 和表 4 - 3 对比，专有名词引入的实体在其后的语篇中平均提及的次数是不定名词引入实体

---

　　①　为了同陈平和许余龙的论述接轨，本书的不定名词指 D5 和 D6 两组普通名词。此外，本书将不是不定名词的词语统称为非不定名词，而不称为有定名词。因为许多学者认为现代汉语没有语法上的"有定"范畴，因此现代汉语不存在"不定"范畴和"有定"范畴二分（参见陈平，2003；周士宏，2005）。

提及次数的 11.2 倍。这清楚地表明，说话者往往用不定名词来指称一个不重要的人物实体。

统计表 4 - 2 和表 4 - 3 中的数据支持桑福德等（1988）和基翁（1990）的结论，专有名词指称的是一个重要的实体；不支持陈平和许余龙的研究结论，不定名词指称的是一个不重要的实体。为什么本书的结论能够得到跨语言的证明，却同陈平、许余龙的研究结论相差很大，甚至相反。我们认为，其中最主要的原因是选用的语料在语体上存在很大差异。陈平和许余龙选用的语料都是故事，本书选用的语料是中长篇小说。故事和小说虽然都是叙述体语篇，但是他们选用的故事内容比较短小，情节比较简单，参与人物较少；相反，中长篇小说内容很长，情节比较复杂，参与人物很多。说话者要让听话者记住小说中的众多参与人物，就不能出现指代不明，甚至含混不清的情况。说话者应该尽量把参与人物编码为唯一可识别的实体，专有名词是其中最好的编码形式。

第六节　小结

本章讨论了新实体如何引入语篇。

首先，本章统计语料引入新实体时名词性词语的编码类型及其出现的句法位置，共有 9 种名词编码形式和 6 种句法位置。它们出现的频率不同，光杆专有名词和数量名词结构在名词词语中所占的比例较大，分别为 33.5% 和 19.7%；新实体出现在主语位置上的数量接近一半，占 49.1%。

其次，本章描写了说话者引入新实体时的句法手段。本书将统计的范围限制在人物实体之内，没有包括其他有生命或者无生命的实体。存现句虽然是引入新实体的一个重要句式，但所占比例并不高，仅 16.8%，而典范句式占 83.2%。接着，我们分析了引入新实体时名词词语的编码特征，以及新实体的认知状态的类型。专有名词引入可识别的实体，普通名词引入可识别的和未识别的实体。普通名词引入新实体的类型同该名词的编码形式和句法位置有密切关系。

再次，本章探讨再次提及语篇实体时的形态手段，我们集中分析说话者将已知实体编码为一个新实体的两种原因：补救再引入和视角转移。本书选用的书面语料中没有出现为了补救说话者的口误而再次引入的例子，语料中将已知实体编码为新实体的例子是由于说话者的叙述视角在两个世界（故事世界和外部世界）之间的转换形成的。

最后，本章通过对比统计两种名词词语编码的实体在其后语篇中提及的次数，表明语篇实体的编码形式同该实体的重要性有密切的关系。说话者往往用不定名词来指称一个不重要的人物实体，用专有名词来指称一个重要的人物实体。

第五章　篇章回指分析

第四章详细分析了说话者指称首次提及的所指对象时所使用的编码形式。接下来，我们将考察说话者指称再次提及的所指对象时，回指语选择使用的规律。本章第一节描写篇章回指的类型，第二节、第三节和第四节分别研究先行词在主语、宾语和领属语位置时的回指现象，第五节总结本章的内容。

第一节　回指的类型

本节从回指语的形式和先行词的句法位置两个角度，描写篇章回指的类型。

一　根据回指语的形式分类

根据回指语的形式，现代汉语篇章回指可以分为三大类：名词回指、代词回指和零形回指（陈平，1986，1987；徐赳赳，2003；许余龙，2004）。虽然研究篇章回指的学者基本上都采用以上的三分法，实际上，不同学者对三类回指形式划定的范围并不完全一致。本节依次考察三类回指，同时限定本书的研究范围。

（一）名词回指

本书的名词回指采用陈平（1986）的界定，指名词性的回指语和它的先行词具有同指（coreferential）关系的回指形式。在语义上，回指语和先行词的理性意义相同，即所指对象为同一个熟悉的实体；在形式上，回指语和先行词完全同形、部分同形、异形同义①。回指语的词汇编码形

---

① 徐赳赳（2003：142）将名词回指对象分成五类："同形"、"部分同形"、"同义"、"上义/下义"和"比喻"。我们在徐赳赳分类的基础上，根据先行词和回指语的形式，把名词回指分为三类："同形"、"部分同形"和"同义异形"，把徐赳赳的"比喻"归为"同义异形"。本书的名词回指类型不包括徐赳赳的"上义/下义"的联想回指。

式包括光杆名词、有修饰语的名词（包括领属语、指示代词、数量词等）。在小说语料中，回指语最普遍的编码形式是光杆名词（包括专有名词和普通名词）和由指示代词（"这、那"和"这些、那些"）做修饰语的名词性短语。下面依次探讨名词回指的各种形式。

1. 同形

同形指名词回指语和其先行词在形式上完全相同。请看下面的例子：

(1) 同在一条街上，出门不见进门见，姑娘们$_i$都认识姜干部$_j$，笑闹本是平常事。今天却不同了，姜干部$_j$的脸板起来了，责备姑娘们$_i$笑什么笑？　　　　　　　　　　　　　　　　　　　　　　　　（《状》）

例（1）中先行词"姑娘们"和"姜干部"，在后续句用同样的形式"姑娘们"和"姜干部"回指先行词，它们是"同形"。

2. 部分同形

部分同形指名词回指语和其先行词在形式上只有部分相同。请看下面的例子：

(2) 祥子看站岗的巡警$_i$已经往这边走了两趟，觉得不是劲儿。"就在这儿说，谁管得了！"她顺着祥子的眼光也看见了那个巡警$_i$。

（《骆》）

(3) 菊子$_i$跑了，东阳并不留恋。如今天下大乱，一口袋白面就能换一个大姑娘，胖菊子$_i$算个什么！他喜欢胖娘们，要是女人按分量计价，他也可以用两袋子白面换一个更肥的来。　　　　　　　　（《四》）

例（2）中"站岗的巡警"是第一次提及的实体，在后续句回指它时，使用的编码形式是"那个巡警"。先行词和回指语只有部分相同，少了"巡警"前修饰语"站岗的"，而在"巡警"前面添加了修饰语"那个"。回指语的编码表明"那个巡警"是听话者熟悉的实体。例（3）中的先行词"菊子"和回指语"胖菊子"都是专有名词，都是上文已经提及过的熟悉实体，有无修饰语"胖"不影响听话者对该实体的认知状态。

徐赳赳（2003：147 - 148）指出另外两种部分同形：第一种情况，

回指语是先行词的简称;第二种情况,回指语是先行词的"缩略"和
"省略形式"①。下面是徐赳赳使用的例子:

(4) 语言研究所和商务印书馆是 1993 年 7 月 15 日向北京市第一中级
法院提起诉讼的,当他们得知王同亿主编、海南出版社将出版《新现代汉
语词典》(简称《新现汉》)、《现代汉语大词典》(简称《大现汉》)和
《新编新华词典》的消息后,曾就三本书的书名易同《现代汉语词典》(简
称《现汉》)、《新华词典》相混淆问题向对方提出交涉,但不被理睬。……
……在查清事实的基础上,于 1996 年 12 月 24 日开庭审判,认定被
告的《新现汉》、《大现汉》已构成抄袭,判决被告立即停止侵权,在删
除侵权内容之前停止《新现汉》、《大现汉》的出版发行……
(5) 中国国家男子篮球队ᵢ (1984 年 4 月) 28 日晚在法国康布雷以
91∶84 再次战胜南斯拉夫卢布雅那队,中国男篮ᵢ 是在参加了法国国际篮
球邀请赛之后,应邀到法国其他城市访问的。中国队ᵢ 将于 5 月 1 日前往
波兰参加一次国际篮球邀请赛。

例 (4) 使用了一系列简称形式,作者在括号中对这些简称都加以说
明,不需要读者运用推理。例 (5) 的先行词是"中国国家男子篮球队",
回指语分别是"中国男篮"和"中国队"。廖秋忠认为:"'中国男篮'
可以认为是'中国国家男子篮球队'的缩略式,但是'中国队'则是篇
章中独有的省略式,一旦离开了上文就无法用来指中国国家男子篮球
队。"(廖秋忠,1992:49)
3. 同义异形
同义异形指名词回指语和其先行词所指对象相同,语言表达形式不
同。徐赳赳 (2003:150) 将"同义"分为以下八类:表职务、职称、职
业、家庭和亲戚成员、人际关系、绰号、称号和其他。我们不一一举例说
明,请看下面的例子:

(6) 连走卒小贩全另有风度!今天,听到韵梅ᵢ 的话,他有点讨厌北

---

① 徐赳赳指出第二种情况是廖秋忠 (1986) 提出来的,下面例 (4) 和例 (5) 都转引自
徐赳赳 (2003:147 – 148)。

平人了，别管天下怎么乱……呕，作了亡国奴还要庆寿！

"你甭管，全交给我得啦！哪怕是吃炒菜面呢，反正亲友来了，不至于对着脸儿发愣！老人家呢要看的是人，你给他山珍海味吃，他也吃不了几口！"小顺儿的妈_i说完，觉得很满意……

例（6）中的"韵梅"是先行词，在接下来的句子用"小顺儿的妈"回指。"小顺儿"是"韵梅"的儿子，所以称"韵梅"为"小顺儿的妈"。先行词和回指语利用家庭成员关系同指。在我们使用的小说语料中，利用亲属关系取得"同义"效果，是"同义异形"名词回指中用得最多的类型。

（二）代词回指

现代汉语代词包括人称代词和指示代词。人称代词用来回指有生命的人或动物以及无生命的事物，指示代词很少单独用来回指人或事物，更多的情形是同名词一起构成名词短语，回指上文提及的实体。因此，在讨论代词的篇章回指时，学者们往往以人称代词为研究重点。在分析人称代词的篇章回指时，又通常把注意力放在第三人称。可能的原因是，在口语会话中，第一人称和第二人称指称的对象都是真实世界的人物，便于区分。在书面语中，第一人称和第二人称通常出现在现场人物的对话中，通常用直接引号标出，而且在直接引语的前面或者后面也常标出"某某人说"之类较明确的发话人，便于读者判别人称代词所指对象。如果用第一人称陈述，第一人称所指对象通常是叙述者。这样，读者对判断第一、第二人称代词所指对象相对来说比较简单。而第三人称代词不但可以出现在对话中，更多地出现在叙述中（徐赳赳，2003：106）。在叙述文中，第三人称代词所指代的实体往往不止一个，篇幅越长，实体越多，指代的情况就显得越为复杂。

本书把代词回指的研究范围局限于第三人称。现代汉语中，第三人称代词有单数和复数之分。请看下面的例子：

（7）平时都是林小枫_i去实验一小接当当，她_i有事才会告诉父母_j替她去接。因ø_i不愿让父母_j担心，更是因为ø_i不愿听他们_j唠叨，她_i没把今天的事儿告诉他们_j，ø_i也就忘了告诉他们_j接当当的事儿。　　（《中》）

例（7）中的"父母"是先行词，后续小句回指它时，需要用第三人称复数代词"他们"。根据单复数的不同形式，读者很容易推断下文的"他们"回指林小枫的"父母"，第三人称单数代词"她"回指"林小枫"，而不是林小枫的"妈妈"。

现代汉语的第三人称代词不能区分不同的性别。请看下面的例子：

（8）只有等胖菊子ᵢ回了家，他ⱼ才敢推开被子坐起来。他ⱼ把她ᵢ叫过来，øⱼ发疯似的乱揍一气，在她ᵢ的胖胳臂上瞎咬。她ᵢ是他ⱼ的胖老婆，他ⱼ死以前，øⱼ得痛痛快快地咬咬她ᵢ，øⱼ把她ᵢ踩在脚底下，踩个够。

（《四》）

（9）这一回，瑞全把子弹头给他摆在了眼前。他不敢碰它。他怕只要轻轻沾它一下，就会嘣的一声炸了。　　　　　（《四》）

例（8）中的"胖菊子"是位女性，第三人称代词"他"指代的是男性的"蓝东阳"。除了语段中提及的"胖菊子"和"蓝东阳"之外，上文没有引入其他人物实体。根据书写形式，读者可以推断下文指代男性的第三人称代词"他"回指"蓝东阳"，指代女性的第三人称代词"她"回指"胖菊子"。例（9）中第三人称代词"它"只能用来指物，根据书写形式，读者可以推断"它"回指上句提及的"子弹"，而非"瑞全"或者"蓝东阳"。

（三）零形回指

零形回指不同于前面讨论过的名词回指和代词回指，后两种回指都有显性、实在的词语形式可供我们辨认。如何确定零形回指在具体的语境中是否存在，是首先需要解决的问题。吕叔湘（1979［1990：515］）在《汉语语法分析问题》中谈到省略问题，认为必须具备两个条件才够得上为省略："第一，如果一句话离开上下文或者说话的环境意思就不清楚，必须添补一定的词语意思才清楚；第二，经过添补的话是实际上可以有的，并且添补的词语只有一种可能。这样才能说是省略了这个词语。"吕叔湘还提出了"隐含"的概念，认为"'隐含'不同于'省略'，必须可以添补才能叫做省略"。也就是说，句子结构中虽有缺少的成分，但实际上这个成分不能出现，便可称为"隐含"。

陈平（1987［1991：183］）依靠全句的语义和语法格局指出判断具

体场合是否存在零形回指的标准："如果从意思上讲句子中有一个与上文中出现的某个事物指称相同的所指对象，但从语法格局上看该所指对象没有实在的词语表现形式，我们便认定此处用了零形指代。"陈平所说的"零形指代"虽然包括吕叔湘的"省略"和"隐含"两种情况①，但是在实际研究中，陈平的零形回指只限于下面两种情况：一是谓语动词的支配成分；二是主谓谓语句、名词谓语句、形容词谓语句等非动词谓语句中的主语。

零形回指语是一个有意义而没有词汇形式的句法槽（slot）或者空代词（null pronoun）。在意义上，它与先行词所指对象相同；在形式上，它没有实在的词汇表现形式。零形回指能出现在同一小句之内和不同小句或句子之间，零形代词能出现在主语、宾语和定语等句法位置上②。

首先我们分析以下句内零形回指的例子：

（10）他$_i$赶紧找来一辆自行车把张宪光同学 ø$_i$ 推到医院。（徐赳赳，2003：93）

（11）可是，去年那"灵验"$_i$，现在老通宝想也不敢想 ø$_i$。（蒋平，2004）

（12）谈话期间肖莉的女儿妞妞打来了一个电话。电话中她$_i$对 ø$_i$ 女儿时而微笑，时而轻斥，大部分时间是唠唠叨叨地叮嘱一些家常事情。

（《中》）

例（10）是多动词的连谓句，零形代词做第二个动词的主语，它与句子的主语"他"同指。例（11）是有标记的话题结构，零形代词做动词的宾语，它与句法话题"那灵验"同指。例（12）零形代词做"女儿"的领属语，它与句子的主语"她"同指。

句内零形回指超出本书的研究范围，不是我们主要关注的问题。下面，我们分析句间零形回指的例子：

---

① 吕叔湘的"省略"和"隐含"的词语包括动词（短语）、名词（短语）和代词，陈平的"零形指代"指用零形代词回指。

② 本章下一小节将详细讨论从回指语的句法位置的角度对回指所进行的分类。

（13）东阳$_i$躺在床上，ø$_i$认定自己快死了，ø$_i$大声哭了起来。

（《四》）

（14）阎光$_i$一直把赵百万$_j$当成"死老虎"，ø$_i$既没喂过ø$_j$，ø$_i$也没打过ø$_j$。（陈平，1987）

（15）顾秀芳$_i$自从城里回来后，ø$_i$整天心神不宁。（陈平，1987）

（16）他还有个弟弟$_i$，ø$_i$当兵的。（陈平，1987）

（17）她$_i$丑，ø$_i$老，ø$_i$厉害。　　　　　　　　　　（《骆》）

　　例（13）的先行词是小句的主语"东阳"，两个后续小句都使用零形回指，回指语充当句子的主语。例（14）的先行词分别是小句的主语"阎光"和宾语"赵百万"，后续小句的主语和宾语都用零形回指。例（15）的先行词是小句的主语"顾秀芳"，后续小句是有标记的话题结构，零形代词用作句法话题。例（16）的先行词是小句的宾语"弟弟"，后续小句是名词谓语句，零形代词用作名词谓语句的主语。例（17）的先行词是小句的主语"她"，两个后续小句都是形容词谓语句，零形代词用作形容词谓语句的主语。

　　为了缩小研究范围，本书将零形代词限定于谓语动词支配的主语和宾语，如例（13）和例（14），以及有标记的话题结构、名词谓语句、形容词谓语句等非动词谓语句中的句法话题和主语，如例（15）、例（16）和例（17）。同句内零形回指一样，句间名词前省略的定语、话题化之后留下的句法空位以及多动词句的省略成分不列入研究范围。

二　根据先行词的句法位置分类

　　从先行词的句法位置分析回指现象，能够有效地揭示认知状态同句法位置的互动规律。根据语料统计，现代汉语篇章回指的先行词的句法位置主要有主语、动词和介词的宾语、主语和宾语的领属语。本节先讨论与句法位置相关的语言现象，接下来分析回指语的类型。

（一）话题、主语、句法话题和领属语

1. 话题、主语和句法话题

　　话题是现代语言学中一个重要的概念，在语篇分析和句法分析中的地位都很重要。话题又是现代语言学中一个颇具争议的术语，在汉语中尤为突出。"国内外关于汉语话题和话题结构的论著，几乎可以用汗牛充栋来形容。不同的研究者依凭不同的理论、站在不同的角度、根据不同的材料，得出了不同的、有时甚至是相对立的结论"①。全面深入讨论地现代汉语的话题不是本书的任务，为了避免论述中出现术语混乱，我们有必要明确话题在语篇结构中是一个什么概念，在话题结构中是什么语法地位？本书所持的观点是：（1）话题是一个篇章语用概念，主语是句法概念，话题和主语不等同也不对立，它们经常重合，主语可以是话题，反过来话题也可以是主语，二者有时也可以分离（周士宏，2005：77）。（2）现代汉语的话题和话题结构正处在语法化的过程中，远没有彻底完成和定型，因而汉语句子中的话题不可避免地会具有句法成分和话语成分的两重性（袁毓林，2002：109）。

在无标记的话题结构中，话题和主语一般重合。而在那些因强调或位移形成的有标记的话题结构中，话题和主语有时重合，有时不重合。本书将有标记话题结构的句首名词词语，称之为"句法话题"（syntactic top-ic)，以区别篇章语用概念的话题②。尽管有学者对"句法话题"这个术语仍有质疑（沈家煊，1999：235），但是句法话题在很多句法过程中（如同指名词的代词化或删除、反身代词化、祈使句化等）的确起着重要的作用（罗仁地，1995；袁毓林，1996）。请看下面的例子（画线的句子成分是句法话题)③：

（18）有的人$_i$，他$_i$活着别人就不能活。

（19）吴先生$_i$，他$_i$认识我。

（20）这套房子$_i$，我们已经买下了 $\emptyset_i$。

（21）这本书$_i$，我已经看完了 $\emptyset_i$。

（22）大象，鼻子长。

（23）那场火，幸亏消防队员来得快。

---

① 袁毓林：《汉语话题的语法地位和语法化程度——基于真实自然口语的共时和历时考量》，《语言学论丛》（第二十五辑），商务印书馆2002年版，第111—112页。

② 陈平（1994）在冈德尔（1985：86）的基础上提出汉语的"句法话题"（syntactic topic)这一术语。句法话题是句法概念，是按照句子成分在句子层次结构中的位置来定义的。从结构位置的角度说，句法话题可以定义为句首的名词性成分，后接另外一个句子，同为上一个句子的直接成分。袁毓林（2002：113）把句法上的话题结构描写为：有一个话题词组和一个述题小句构成的句法结构。

③ 下面的例子引自徐烈炯、刘丹青《话题的结构和功能》，上海教育出版社1998年版。

例（18）和例（19）文献上称为左移位句（Y – movement），例（20）和例（21）文献上称为左偏置句（left dislocation），这四个句子是典型的话题化结构（topicalization construction）。话题化结构的述题中有一个句法成分（有形的句法成分或者无形的句法空位）跟话题同指，文献上也称为"共指式话题"结构。例（22）和例（23），述题中没有一个句法成分跟话题有同指关系，该话题在文献上称为"语域式（汉语式）话题"或者"无根话题"（dangling topic）①。

在叙述体书面语料中，相对于无标记的话题结构，有标记的话题结构不是很多。下文分析先行词的句法位置时，我们将句法话题和主语归并为一类句法位置加以讨论。

2. 句法话题和领属语

现代汉语中，有标记的话题结构中的句法话题同领属语有时容易混淆，尤其当它们用零形回指时，更是难以区分。陈平（1987）指出，充当主语领属语的名词性成分具有强烈的启后性，在后续小句中常常用零形回指。同时，他还指出这种格局的句子不少可将主语中的定语标志"的"除去，把句子改造成标准的有标记的话题结构，使句首出现一个句法话题和一个主语。请看陈平使用的例子：

（24）祥子$_i$的右肘很疼，ø$_i$半夜也没睡着。　　　　　　　　（《骆》）

（24′）祥子$_i$右肘很疼，ø$_i$半夜也没睡着。

（25）祥子$_i$的心中很乱，ø$_i$末了听到太太说怕流血，ø$_i$似乎找到了一件可以安慰她的事。　　　　　　　　（《骆》）

（25′）祥子$_i$心中很乱，ø$_i$末了听到太太说怕流血，ø$_i$似乎找到了一件可以安慰她的事。

（26）祥子$_i$的脸通红，ø$_i$手哆嗦着。　　　　　　　　（《骆》）

（26′）祥子$_i$脸通红，ø$_i$手哆嗦着。

从上面的例子可以看出，在这种领属关系结构中，说话者在用不用"的"字有一定的随意性。当然，我们完全可以从语言形式上对此进行区

---

① 徐烈炯、刘丹青（1998）和石定栩（2000）（"Topic and Topic – comment Construction in Mandarin Chinese", *Language*, 76：383 –408）对此类话题结构有详细的论述。

分，有"的"时，句首成分是领属语；没有"的"时，句首成分是句法话题。但是，形式标准在例（26）和例（26'）中会遇到麻烦，两例的回指语到底是领属语还是句法话题呢？似乎都可以。本书采用平行结构原则，如果上句的两个名词性成分是领属结构，则后续小句也按照领属结构对待；如果上句是有标记的话题结构，则后续句也是有标记的话题结构。根据这样的标准，例（26）的零形代词充当领属语，例（26'）的零形代词充当句法话题。

（二）先行词在主语位置的回指

主语位置的先行词包括充当有标记话题结构的句法话题、主语以及关系从句的主语的名词词语。句法话题和主语通常是言语交际双方当前讨论的话题，在后续小句中，它们比其他句法位置上的名词词语更有可能被提及。下面依次描述先行词在主语位置的回指情况：

1. 先行词在主语位置的零形回指

（27）这么重要的事情$_i$，你不告诉他，ø$_i$别人也会告诉他。（蒋平，2004）

（28）这样的话$_i$，他已经说了好几遍，ø$_i$也不管用。（蒋平 2004）

（29）她的那位"老爷"$_i$很有手面，在洪门中，ø$_i$辈分最高。（蒋平，2004）

（30）李老人$_i$拿起一大捆报纸，ø$_i$打了一大桶浆子，ø$_i$就到各户去了。   （《四》）

例（27）在句法话题位置上的先行词"这么重要的事情"，在后续小句的句法话题的位置上用零形代词回指。例（28）句法话题位置上的先行词"这样的话"，在后续小句的主语位置上用零形代词回指。例（29）主语位置上的先行词"那位老爷"，在后续句的句法话题位置上用零形代词回指。例（30）主语位置上的先行词"李老人"，在后续句的主语位置上用零形代词回指。

2. 先行词在主语位置的代词回指

（31）肖莉$_i$跟宋建平建议过，既然她$_i$有车，两个孩子在一个学校，两家住对门，以后当当就跟着她走得了。   （《中》）

（32）说真的，虎妞$_i$是这么有用，他实在不愿她$_i$出嫁；这点私心他觉得有点怪对不住她的，因此他多少有点怕她。　　　　　（《骆》）

（33）娟子$_i$从后面赶了上来，兴高采烈的。院长杰瑞今天又一次夸她$_i$，为她$_i$引荐了宋建平。　　　　　　　　　　　　（《中》）

例（31）主语位置上的先行词"肖莉"，在后续小句中用代词回指，回指语也在主语位置。例（32）主语位置上的先行词"虎妞"，在后续小句用代词回指，回指语在关系从句的主语位置上。例（33）主语位置的先行词"娟子"，在后续句用代词回指，回指语在宾语位置。

3. 先行词在主语位置的名词回指

（34）祥子$_i$把车拉了起来，搭讪着说了句："往南放放，这儿没买卖。"

"回见！"那两个年轻的一齐说。

祥子$_i$仿佛没有听见。　　　　　　　　　　　　　　　（《骆》）

（35）可是哪儿快得了，身材矮小的冯来财$_i$，和他雄壮貌美的黑眼圈公羊，当下引来无数的目光，大家纷纷围拢过来，兴高采烈地评品着冯来财$_i$和黑眼圈公羊了。　　　　　　　　　　　　　（《状》）

（36）正在这个工夫，大太太$_i$喊祥子去接学生。他把泥娃娃赶紧给二太太送了回去。二太太以为他这是存心轻看她，冲口而出的把他骂了个花瓜。大太太$_i$的意思本来也是不乐意祥子替二太太抱孩子，听见二太太骂，她也扯开一条油光水滑的嗓子骂，骂的也是他。　　　（《骆》）

例（34）主语位置上的先行词"祥子"，在接下来的句子中用同形名词回指它，回指语在主语位置。例（35）主语位置上的先行词"冯来财"，在接下来的句子中用同形名词回指它，回指语在宾语位置。例（36）主语位置上的先行词"大太太"，在接下来的句子用同形名词回指它，回指语在领属语位置。

（三）先行词在宾语位置的回指

宾语位置的先行词包括受动词或者动词短语支配的名词（短语），"把"、"将""被"、"用"、"连"等介词支配的名词（短语），以及兼语句式中做主动词宾语，同时做补足语的主语的名词（短语）。下面依次描述先行词在宾语位置时的回指情况：

1. 先行词在宾语位置的零形回指

（37）她到现在还记得很明白的是五六年前在土地庙的香市中看见一只常常会笑的猴子$_i$，ø$_i$一口的牙齿多么白。（蒋平，2004）

（38）乡街上的美发店本来就小，三张椅子，有两张上坐着客人$_i$，ø$_i$正无比舒服地接受着美发师的服务。　　　　　　　　（《状》）

（39）（肖莉的）语调里不自觉带出的由感激而生出的讨好、奉迎，越发使宋建平$_i$过意不去，ø$_i$觉着自己实在是有一点得便宜卖乖，ø$_i$于是诚恳说道："如鱼得水谈不上，比较适合我而已。外企的人事关系相对要简单，我这人就简单。"　　　　　　　　　　　　（《中》）

例（37）宾语位置的先行词"猴子"，在后续小句的句法话题的位置上用零形代词回指。例（38）宾语位置的先行词"客人"，在后续小句的主语位置上用零形代词回指。例（39）是兼语句，宾语位置的先行词"宋建平"，在后续小句的主语位置上用零形代词回指。

2. 先行词在宾语位置的代词回指

（40）正在这个工夫，大太太喊祥子$_i$去接学生。他$_i$把泥娃娃赶紧给二太太送了回去。　　　　　　　　　　　　　　　　（《骆》）

（41）他求胖菊子$_i$别甩下他，跟她$_i$商量，一块逃出北平去。

　　　　　　　　　　　　　　　　　　　　　　　　（《四》）

（42）对于瑞宣$_i$说来，这份差事之可贵，不在于有了进项，而是给了他$_i$一个机会，可以对祖国，对学生尽尽心。　　　（《四》）

（43）"怎么着？"太太说完这个，又看了祥子$_i$一眼，不言语了，把四天的工钱给了他$_i$。　　　　　　　　　　　　　　（《骆》）

（44）他又搂了搂她$_i$，把嘴伸到她$_i$的胖腮邦子上："你一定得跟我一块儿死，咱俩一块儿死。"　　　　　　　　　　　（《四》）

例（40）是兼语句，宾语位置上的先行词"祥子"，在后续句主语位置上用代词回指。例（41）也是兼语句，宾语位置上的先行词"胖菊子"，在后续小句介词宾语位置上用代词回指。例（42）介词宾语位置上的先行词"瑞宣"，在接下来小句的宾语位置上用代词回指。例（43）宾语位置上的先行词"祥子"，在接下来小句的宾语位置上用代词回指。例（44）宾语位置上的先行词"她"，在后续小句的领属语位置上用代词回指。

　　3. 先行词在宾语位置的名词回指

　　（45）院长杰瑞今天又一次夸她，为她引荐了宋建平ᵢ。宋建平ᵢ现在俨然成了爱德华医院的专家，øᵢ是唯一一个进医院没多久就被允许单独上台的中国籍医生。　　　　　　　　　　　　　　　　　　　　（《中》）

　　（46）她忙给宋建平ᵢ续茶，把盛瓜子的盘子向宋建平ᵢ面前推，并适时选择了新的轻松话题。　　　　　　　　　　　　　　　　　　　（《中》）

　　（47）刘四爷也有点看不上祥子ᵢ：祥子ᵢ的拼命，早出晚归，当然是不利于他的车的。　　　　　　　　　　　　　　　　　　　　　　　（《骆》）

　　例（45）宾语位置上的先行词"宋建平"，在后续句的主语位置上用名词回指。例（46）介词宾语位置上的先行词"宋建平"，在后续小句的介词宾语位置上以名词形式回指。例（47）宾语位置上的先行词"祥子"，在后续小句的领属语位置上以名词回指。

　　（四）先行词在领属语位置的回指

　　说话者也通过用领属语向语篇引入或重新提及实体，领属语位置的先行词包括充当主语和宾语领属语的名词词语。下面描述先行词在主语位置的回指情况：

　　1. 先行词在领属语位置的零形回指

　　（48）祥子ᵢ的脸通红，øᵢ手哆嗦着。　　　　　　　　　　　　（《骆》）

　　（49）祥子ᵢ的手哆嗦得更厉害了，øᵢ揣起保单，øᵢ拉起车，øᵢ几乎要哭出来。　　　　　　　　　　　　　　　　　　　　　　　　　（《骆》）

　　（50）门儿先推开一道缝，伸进一张女人ᵢ的圆脸，øᵢ看看屋里没旁人，øᵢ才把整个身子移了进来。（陈平，1987）

　　例（48）主语的领属语位置上的先行词"祥子"，在后续小句主语的领属语位置上用零形代词回指。例（49）的先行词"祥子"，在后续小句

的主语位置上用零形代词回指。例（50）宾语的领属语位置的先行词
"女人"，在后续小句的主语位置上用零形代词回指。

2. 先行词在领属语位置的代词回指

先行词在领属语位置的代词回指包括先行词在主语的领属语和宾语的
领属语两种句法位置上的代词回指。先请看先行词在主语的领属语位置上
的例子：

（51）祥子ᵢ的脸忽然红得象包着一团火，他ᵢ知道事情要坏！

（《骆》）

（52）刘东北明白了。明白了就没有办法了。宋建平ᵢ的处境超乎他
的经验。最后，他郑重建议他ᵢ去医院开证明，性无能的证明。是下下
策，但是，除此下下策，就宋建平而言，没有他策。 （《中》）

（53）祥子ᵢ的衣服早已湿透，全身没有一点干松的地方；隔着草帽，
他ᵢ的头发已经全湿。 （《骆》）

例（51）主语领属语位置上的先行词"祥子"，在后续小句的主语位
置上用零形代词回指。例（52）领属语位置上的先行词"宋建平"，在后
续小句的宾语位置上用代词回指。例（53）的先行词"祥子"，在后续句
的主语的领属语位置上用代词回指。下面请看先行词在宾语的领属语位置
上的代词回指的例子：

（54）这是姜干部ᵢ的预谋哩！他ᵢ要把黑眼圈公羊洗得干干净净，打
扮得漂漂亮亮，好到赛羊会上拿奖呀！ （《状》）

（55）"知道吗"？娟子走在宋建平ᵢ的身边，侧脸仰视着他ᵢ，"今天
杰瑞说我是伯乐。" （《中》）

（56）把虎妞ᵢ的话从头至尾想了一遍，他觉得象掉在个陷阱里，手
脚而且全被夹子夹住，决没法儿跑。他不能一个个的去批评她ᵢ的主意，
所以就找不出她ᵢ的缝子来。 （《骆》）

例（54）宾语领属语位置的先行词"姜干部"，在后续句主语位置上
用代词回指。例（55）先行词"宋建平"，在后续小句宾语位置上用代词
回指。例（56）介词宾语领属语位置的先行词"虎妞"，在接下来句子的

宾语领属语位置上用代词回指。

3. 先行词在领属语位置的名词回指

先行词在领属语位置上的名词回指也包括主语的领属语和宾语的领属语两种位置的名词回指。先请看先行词在主语领属语位置上的名词回指的例子：

（57）虎妞ᵢ的话还在他心中，仿佛他要试验试验有没有勇气回到厂中来，假若虎妞ᵢ能跟老头子说好了的话；在回到厂子之前，先试试敢走这条街不敢。　　　　　　　　　　　　　　　（《骆》）

（58）钱先生ᵢ的样子与言语丝毫没能打动他的心，他只是怕钱先生ᵢ扑过来抓住他。　　　　　　　　　　　　　　　　　　（《四》）

（59）街上的坦克，象几座铁矿崩炸了似的发狂的响着，瑞宣ᵢ的耳与心仿佛全聋了。

"大哥！"

"啊？"瑞宣ᵢ的头偏起一些，用耳朵来找老三的声音。"呕！说吧！"

"我得走！大哥！不能在这里作亡国奴！"

"啊？"瑞宣ᵢ的心还跟着坦克的声音往前走。　　　（《四》）

例（57）主语领属语位置上的先行词"虎妞"，在接下来的小句的主语位置上用名词回指。例（58）领属语位置上的先行词"钱先生"，在后续小句的宾语位置上用名词回指。例（59）的先行词"瑞宣"，在接下来句子的主语的领属语位置上用名词回指。下面请看先行词在宾语的领属语位置上的名词回指的例子：

（60）那次她接受了肖莉ᵢ的邀请。人再要强，也抵不过现实情况的严峻。肖莉ᵢ先把她送去了考场，走前还告诉她下午也不要去学校了，她会接当当回来。　　　　　　　　　　　　　　　（《中》）

（61）金三爷见瑞宣ᵢ的嘴这么严实，起了疑。他觉着瑞宣ᵢ准知道钱先生的下落，只不过不肯告诉他罢了。　　　　　　　　　（《四》）

（62）天佑太太看不清楚韵梅ᵢ的脸，而直觉的感到事情有点不大对："怎么啦？小顺儿的妈！"韵梅ᵢ的憋了好久的眼泪流了下来。　（《四》）

例（60）宾语的领属语位置上的先行词"肖莉"，在接下来句子的主语位置上用代词回指。例（61）领属语位置上的先行词"瑞宣"，在后续句的宾语位置上用名词回指。例（62）的先行词"韵梅"，在接下来句子的主语的领属语位置上用名词回指。

第二节　先行词在主语位置的回指

汉语的句法主语通常情况下是语用话题，主语的所指对象是信息的出发点和交际双方谈论的对象。因此，主语的所指对象最容易成为后续句的话题，有时候这个话题常常在语义上覆盖多个小句，成为多个句子共用的成分。即使主语的所指对象没有成为后续句的话题，它也可能会因充当其他句法成分被再次提及。同其他句法位置上的所指对象相比，主语的所指对象比其他句法成分的启后性强①，回指的概率高，是篇章回指研究中关注的焦点。

本节首先描写先行词在主语位置时，先行词和回指语的位置关系；接下来，统计三类回指形式在三种语篇环境中的分布情况；最后，分析三类回指形式。

一　主语位置的先行词和回指语的位置关系

当先行词位于句子的主语位置时，先行词和回指语的位置关系包括位置相同/平行和位置不同/不平行两种情况。从指称的角度看，平行/不平行位置指位于主语位置的两个指称语所指对象相同/不相同。当先行词和回指语之间没有插入其他小句时，平行位置相当于陈平（1986）的保持指称（maintained reference）、许余龙（2004）的主题维持；不平行位置相当于陈平的转移指称（shifted reference）、许余龙的主题转换。

（一）主语位置的先行词和回指语的平行位置

本节的平行位置指回指语和位于主语位置的先行词的句法位置相同，回指语也在句子主语的位置。如果先行词和回指语所在的句子都是简单主谓句，平行位置是主语—主语；如果先行词和回指语所在的句子是有标记的话题结构，平行位置是句法话题—句法话题，主语—主语。由于有标记

① 参见陈平（1987）关于启后性的论述。

的话题结构在叙述体语料中出现的频率较低，本节把所说的平行位置的界限放宽，把句法话题—主语或者主语—句法话题也包括在平行位置范围之内。请看下面的例子：

（1）这么重要的事情$_i$，你不告诉他，ø$_i$ 别人也会告诉他。（蒋平，2004）

（2）这样的话$_i$，我已经说了好几遍，ø$_i$ 也不管用。（蒋平，2004）

（3）这本小说，我$_i$ 不看了，ø$_i$ 没有那么多的闲工夫看它。（蒋平，2004）

（4）那辆自行车，他$_i$ 早送别人了，他$_i$ 才不稀罕那破玩意儿。

以上四个例子的第一个小句的句首名词是句法话题，先行词在句法话题或者主语的位置。例（1）的先行词是句法话题"这么重要的事情"，在后续小句的句法话题位置以零形代词回指。例（2）的先行词是句法话题"这样的话"，在后续小句的主语位置以零形代词回指。例（3）的先行词是主语"我"，它的零形回指语在后续小句的主语位置上。例（4）的先行词是主语"他"，它的代词回指语也在后续小句的主语位置上。

（5）她的那位"老爷"$_i$ 很有手面，在洪门中，ø$_i$ 辈分最高。（蒋平，2004）

（6）李四爷$_i$ 在年轻的时候一定是很体面，尽管他$_i$ 脖子有肉包，而ø$_i$ 背也被压得老早就有点弯。　　　　　　　　　　　　　　（《四》）

以上两个例子的先行词是第一个小句的主语，回指语充当后续小句的句法话题。例（5）主语位置的先行词"她的那位'老爷'"，在后续小句句法话题位置用零形代词回指；例（6）主语位置的先行词"李四爷"，在后续小句句法话题位置用代词和零形回指。

（7）他的右肘$_i$ 很疼，ø$_i$ 不能弯曲。　　　　　　　　　　（《骆》）

（8）索绪尔的《普通语言学教程》$_i$ 出版于1916年，它$_i$ 已有多种语言的译本，中译本在1980年由商务印书馆出版。

（9）孙七的剃刀$_i$ 撒了手。刀子$_i$ 从店伙的肩头滚到腿上，才落了地。

幸亏店伙穿着棉袄棉裤，没有受伤。　　　　　　　　　　　　（《四》）

上面三个例子的第一个小句的主语之前都有领属语，先行词是小句的主语，回指语用作后续小句的主语。例（7）的主语"右肘"在后续小句的主语位置用零形回指；例（8）的主语"《普通语言学教程》"在后续小句的主语位置用代词回指；例（9）的主语"剃刀"在后续句的主语位置用部分同形的名词回指。

（10）李老人ᵢ拿起一大捆报纸，øᵢ打了一大桶浆子，øᵢ就到各户去了。　　　　　　　　　　　　　　　　　　　　　　　　　　　（《四》）

（11）过了年，她ᵢ无论如何也不准祥子在晚间出去，她ᵢ不定哪时就生养，她ᵢ害怕。　　　　　　　　　　　　　　　　　　　　　　（《骆》）

（12）祥子ᵢ自己可并没轻描淡写的随便忘了这件事。他ᵢ恨不得马上就能再买上辆新车，øᵢ越着急便越想着原来那辆。　　　　　　　（《骆》）

（13）祥子ᵢ不晓得这个，øᵢ只当是头一天恰巧赶上宅里这么忙，øᵢ于是又没说什么，而是øᵢ自己掏腰包买了几个烧饼。他ᵢ爱钱如命，可是为维持事情，øᵢ不得不狠了心。　　　　　　　　　　　　　（《骆》）

以上四个例子的第一个小句的主语是先行词，在后续小句的主语位置分别用零形代词或者人称代词回指，形成所谓的"话题链"。例（10）用连续的零形回指；例（11）用连续的代词回指；例（12）先用代词回指，后用零形回指；例（13）先用零形回指，后用代词回指。

（14）祥子ᵢ把车拉了起来，搭讪着说了句："往南放放，这儿没买卖。"

"回见！"那两个年轻的一齐说。

祥子ᵢ仿佛没有听见。　　　　　　　　　　　　　　　　　　（《骆》）

（15）自然，一辆车ᵢ而供给两个人儿吃，是不会剩下钱的；这辆车ᵢ有拉旧的时候，而没有再置买新车的预备，危险！　　　　　　（《骆》）

（16）不过，红白喜事ᵢ在大体上还保存着旧有的仪式与气派，婚丧嫁娶ᵢ仿佛到底值得注意，而多少要些排场。　　　　　　　　　（《骆》）

上面三个例子的先行词是第一个小句的主语，名词回指语在后续句的主语位置。例（14）主语位置的先行词"祥子"在后续句主语位置用同形名词回指，在先行词和回指语之间插入了一个句子，虽然它们的句法位置平行，但是话题已被打断，指称发生了转移。例（15）在后续句子的主语位置用部分同形的名词"这辆车"回指，此例的话题也被中间插入的小句打断。例（16）在后续小句的主语位置用同义异形的名词"婚丧嫁娶"回指先行词"红白喜事"。"红白喜事"和"婚丧嫁娶"的所指对象完全相同，二者的附加意义有差别。前者带有一定的文化内涵，后者是普通说法。

（二）主语位置的先行词和回指语的不平行位置

本节的不平行位置指回指语和位于主语位置的先行词的句法位置不相同，回指语不在句子主语的位置上。先行词和回指语可能出现的不平行位置包括句法话题—宾语、句法话题—领属语、主语—宾语、主语—领属语。请看下面的例子：

（17）这本小说ᵢ，我还没有看完，就把它ᵢ作为礼物送给了一位朋友。

（18）那辆自行车ᵢ，他早送别人了，他才不希罕那破玩意儿ᵢ。

上面两个例子的先行词在第一个小句的句法话题位置，回指语在后续小句中做宾语。例（17）的先行词"这本小说"的代词回指语"它"用作介词的宾语；例（18）用同义异形的名词"那破玩意儿"回指先行词"那辆自行车"，名词回指语用作动词的宾语，。

（19）这本书ᵢ，我买了才三天，它ᵢ的封面就破了。

（20）那个小偷ᵢ，我曾见过一面，当时真想揪住他ᵢ的手。

以上两个例子的先行词在第一个小句的句法话题位置，回指语在后续小句中充当领属语。例（19）的"这本书"的代词回指语"它"用作主语的领属语；例（20）的"那个小偷"的代词回指语"他"充当宾语的领属语。

（21）娟子ᵢ从后面赶了上来，兴高采烈的。院长杰瑞今天又一次夸

她$_i$，为她$_i$引荐了宋建平。 （《中》）

（22）可是哪儿快得了，身材矮小的冯来财$_i$和他雄壮貌美的黑眼圈公羊，当下引来无数的目光，大家纷纷围拢过来，兴高采烈地评品着冯来财$_i$和黑眼圈公羊了。 （《状》）

上面两个例子的先行词在第一个小句的主语位置，回指语做后续句的宾语。例（21）的先行词"娟子"的代词回指语"她"分别用作动词和介词的宾语；例（22）的先行词"冯来财"的名词回指语用作动词的宾语。

（23）钱老先生$_i$是个诗人。他$_i$的诗不给别人看，而只供他自己吟味。 （《四》）

（24）正在这个工夫，大太太$_i$喊祥子去接学生。他把泥娃娃赶紧给二太太送了回去。二太太以为他这是存心轻看她，冲口而出的把他骂了个花瓜。大太太$_i$的意思本来也是不乐意祥子替二太太抱孩子，听见二太太骂，她也扯开一条油光水滑的嗓子骂，骂的也是他。 （《骆》）

以上两个例子的先行词在第一个小句的主语位置，回指语做后续句的主语的修饰语。例（23）的先行词"钱老先生"的代词回指语"他"用作主语的领属语；例（24）用同形名词"大太太"回指先行词，名词回指语用作主语的领属语。

（25）平日，他$_i$虽不大喜欢交朋友，可是一个人在日光下，有太阳照着他$_i$的四肢，有各样东西呈现在目前，他不至于害怕。 （《骆》）

（26）现在，他$_i$自由的走着路，越走越光明，太阳给草叶的露珠一点儿金光，也照亮了祥子$_i$的眉发。 （《骆》）

上面两个例子的先行词在第一个小句的主语位置，名词回指语做宾语的领属语。例（25）主语位置的先行词"他"在宾语的领属语位置用代词回指；例（26）的先行词"他"在宾语的领属语的位置用名词回指。

二 先行词在主语位置时回指形式的分布统计

本书的第三章提出了回指的认知激活模式，该模式假定说话者选择使用何种语言编码形式来指称引入语篇模型的熟悉实体，取决于该语篇实体在说话者的记忆系统中的认知状态。制约语篇实体认知状态的因素包括语篇特征和实体特征，语篇特征包括先行词和回指语之间的修辞结构距离、线性距离和名词词语间隔距离。本节分别统计先行词在主语位置时，三类回指形式在三种不同语篇环境中的分布情况。

表5-1中统计数据显示，零形回指主要分布在修辞结构距离为1和2的语篇环境中，分别占54.1%和42.2%，零形回指分布的百分比随着修辞结构距离的增大而减小。代词回指集中分布在修辞结构距离为2的语篇环境中，占总数的67.6%；名词回指则主要分布在修辞结构距离为2和3的语篇环境中，分别占30.7%和43.6%，名词回指分布的百分比随着修辞结构距离的增大而增大。统计数据清楚地表明，回指语的编码形式同修辞结构距离有密切的关系：修辞结构距离越小，越倾向于用零形回指；距离较大，倾向于用代词回指；距离越大，越倾向于用名词回指。

表5-1　　　　　　　　　回指语的篇章分布统计（一）

回指形式	先行词和回指语之间的修辞结构距离												总计		
	1			2			3			4及4以上			保持	转换	小计
	保持	转换	小计	保持	转换	小计	保持	转换	小计	保持	转换	小计			
零形	59 54.1%	0 0%	59 54.1%	46 42.2%	0 0%	46 42.2%	4 3.7%	0 0%	4 3.7%				109 100%	0 0%	109 100%
代词	7 9.9%	2 2.8%	9 12.7%	38 53.5%	10 14.1%	48 67.6%	10 14.1%	3 4.2%	13 18.3%	1 1.4%	0 0%	1 1.4%	56 78.9%	15 21.1%	71 100%
名词				12 30.8%	6 15.4%	18 46.2%	10 25.7%	7 17.9%	17 43.6%	3 7.7%	1 2.6%	4 10.3%	25 64.1%	14 35.9%	39 100%
总计	66 30.1%	2 0.9%	68 31.0%	96 43.8%	16 7.3%	112 51.1%	24 11.0%	10 4.5%	34 15.5%	4 1.8%	1 0.5%	5 2.3%	190 86.8%	29 13.2%	219 100%

表5-2的统计数据表明，回指语的编码形式同先行词和回指语之间的线性距离有密切的关系：零形回指和代词回指随着线性距离的增大，分布的百分比逐渐减小；而名词回指随着线性距离的增大，分布的百分比逐渐增大。同表5-1的统计数据相比较，表5-2中的三种回指形式都不集中分布在某一个线性距离的语篇环境之中。这表明线性距离对回指形式的

制约作用没有修辞结构距离那么强烈，但是，表5-2中的统计结果反映了线性距离影响回指语选择的总体趋势。

表5-2　　　　　　　　回指语的篇章分布统计（二）

回指形式	先行词和回指语之间的线性距离												总计		
	0			1			2			3及3以上			保持	转换	小计
	保持	转换	小计	保持	转换	小计	保持	转换	小计	保持	转换	小计			
零形	46	0	46	22	0	22	15	0	15	26	0	26	109	0	109
	42.2%	0%	42.2%	20.2%	0%	20.2%	13.8%	0%	13.8%	23.8%	0%	23.8%	100%	0%	100%
代词	21	3	24	14	3	17	6	3	9	15	6	21	56	15	71
	29.6%	4.2%	33.8%	19.7%	4.2%	23.9%	8.5%	4.2%	12.7%	21.1%	8.5%	29.6%	78.9%	21.1%	100%
名词	2	1	3	2	3	5	2	3	5	19	7	26	25	14	39
	5.1%	2.6%	7.7%	5.1%	7.7%	12.8%	5.1%	7.7%	12.8%	48.7%	17.9%	66.7%	64.1%	35.9%	100%
总计	69	4	73	38	6	44	23	6	29	60	13	73	190	29	219
	31.5%	1.8%	33.3%	17.4%	2.7%	20.1%	10.5%	2.7%	13.2%	27.4%	5.9%	33.3%	86.8%	13.2%	100%

表5-3　　　　　　　　回指语的篇章分布统计（三）

回指形式	先行词和回指语之间的名词词语间隔距离												总计		
	0			1			2			3及3以上			保持	转换	小计
	保持	转换	小计	保持	转换	小计	保持	转换	小计	保持	转换	小计			
零形	77	0	77	23	0	23	4	0	4	5	0	5	109	0	109
	70.6%	0%	70.6%	21.1%	0%	21.1%	3.7%	0%	3.7%	4.6%	0%	4.6%	100%	0%	100%
代词	42	4	46	11	9		3	2	5				56	15	71
	59.2%	5.6%	64.8%	15.5%	12.7%	28.2%	4.2%	2.8%	7.0%				78.9%	21.1%	0%
名词	7	1	8	8	8	16	4	4	8	6	1	7	25	14	39
	17.9%	2.6%	20.5%	20.5%	20.5%	41%	10.3%	10.3%	20.5%	15.4%	2.6%	17.9%	64.1%	35.9%	100%
总计	126	5	131	42	17	59	11	6	17	11	1	12	190	29	219
	57.5%	2.3%	59.8%	19.2%	7.8%	26.9%	5.0%	2.7%	7.7%	5.0%	0.5%	5.5%	86.8%	13.2%	100%

表5-3的统计结果显示，当先行词和回指语之间的名词词语间隔距离为0和1时，零形回指的百分比分别占70.6%和21.1%，共计91.7%；代词回指的百分比分别占64.8%和28.2%，共计93%，超出了零形回指

的百分比之和；名词回指的百分比分别为 20.5% 和 41%，累计 61.5%。
这些数据清楚地表明，名词词语间隔距离对回指形式的选择有很大的影
响：零形回指和代词回指随着间隔距离的增大，分布的百分比逐渐减小；
名词回指随着间隔距离的增大，分布的百分比逐渐增大。与表 5 - 2 类似，
我们根据表 5 - 3 中的统计数据很难看出名词词语间隔距离在制约零形回
指和代词回指选择上有何本质不同，也就是说，我们不能根据间隔距离的
大小简单地推断何时使用零形回指，何时使用代词回指。

　　本书第三章已经指出，影响实体认知状态的三个篇章因素是彼此相
关、共同发挥作用的。通常情况下，先行词和回指语的修辞结构距离越
大，它们之间插入的小句的数量也越多（线性距离大），插入的名词词语
的数量也越多（间隔距离大）；反之亦然。以上三个统计表中的统计数据
印证了它们之间的这种对应关系。不过，统计表中的三种回指形式在不同
语篇环境中分布的百分比并不一致。这一方面说明修辞结构距离、线性距
离和名词词语间隔距离之间不成比例；另一方面说明，三种语篇距离在影
响说话者的认知状态时所起的作用不是等同的，它们不能相互代替。

　　陈平（1987）指出，主语位置上的先行词有强烈的启后性，主语位
置上的回指语有强烈的承前性。他把先行词的启后性和回指对象（回指
语）的承前性称之为微观连续性（micro continuity），把先行词和回指语
之间的修辞结构称之为宏观连续性（macro continuity）。先行词的微观连
续性和宏观连续性的强弱影响回指形式的选择，微观和宏观连续性越强，
越倾向用零形回指[①]；反之，越倾向用名词回指。三个统计表中的数据显
示，先行词位于小句的主语位置时，回指语"保持"主语指称所占的比
例远远超出回指语"转换"主语指称的比例，前者为 86.8%，后者仅为
13.2%，表中的统计数据符合陈平的研究结论。

　　三　回指形式分析

　　上一节统计先行词在主语位置时，三类回指形式在三种语篇环境中的
分布情况。统计数据表明三种语篇距离对回指形式的选择有很大的影响，
这也说明语篇特征影响语篇模型中的实体的认知状态。不过，仅仅凭借统
计数据还不能充分回答下列问题：在相同的语篇特征中，为什么运用零形

---

　　① 陈平（1987）用微观和宏观连续性解释零形回指的制约因素，没有涉及代词和名词回
指。

回指，而不使用代词回指或者名词回指？或者为什么使用代词回指，而不使用其他形式的回指？要解决这类问题，我们还需要把语篇特征和实体特征两方面因素综合起来，进行具体的考察。

（一）零形回指

先行词位于句子的主语位置时，零形回指语通常也位于主语位置，保持主语指称。根据记忆激活模式，当语篇实体的激活程度最高，即在"注意焦点"状态时，说话者就使用零形代词回指熟悉的实体。下面以修辞结构距离为纲，详细分析零形回指使用时的语篇特征和实体特征如何影响语篇实体的认知状态。

1. 修辞结构距离等于1

零形回指典型地运用在修辞结构距离为1，线性距离为0，名词词语间隔距离为0的语篇中。通常情况下，修辞结构由两个核心论元或者由一个核心论元和一个附加论元组成①。请看下面的例子：

（1）对于饮食，他（祥子）$_i$ 不敢缺着嘴，$\emptyset_i$ 可也不敢多吃些好的。

（《骆》）

（2）张妈$_i$ 不再出声了，$\emptyset_i$ 仿佛看出点什么危险来。　（《骆》）

（3）a. 关于钱，他$_i$ 愿意心中有个准头，

　　　b. 哪怕是剩得少，

　　　c. 只要靠准每月能剩下个死数，

　　　d. 他$_i$ 才觉得有希望，

　　　e. $\emptyset_i$ 才能放心。　（《骆》）

例（1）和例（2）的修辞结构都很简单，先行词和回指语在同一个句子之内。例（1）的修辞结构是由两个核心论元组成的"罗列"语式，"关于饮食"是两个论元的语用话题，两个论元是平行结构。例（2）的修辞结构是由一个核心论元和一个附加论元构成的"因果"语式，零形回指在表达原因的论元中。例（3）的修辞结构比较复杂，用图表示如下：

————————

① 也可能由两个核心句子，或者一个核心句子和一个附加句子组成。因此，此处的小句包含句子在内，下文相同，不再补充说明。

说明

说明

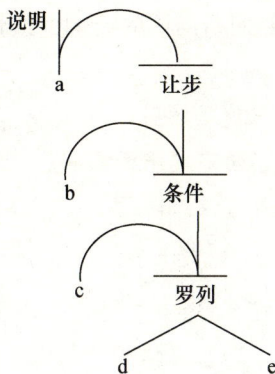

例（3）的修辞结构由五个论元组成，共有四个结构层级。例（3d）和例（3e）两个论元组成的"罗列"语式在整个修辞结构的最下层，例（3d）和例（3e）是平行结构。

零形回指也使用在线性距离或者名词词语间隔距离大于0的语篇环境中。当小句间的线性距离大于0，该修辞结构必须由三个或者三个以上的论元构成，并且形成像"叙述"或者"罗列"这样多核心的语式。请看下面的例子：

（4）a. 李老人拿起一大捆报纸，

　　b. ∅ᵢ 打了一大桶浆子，

　　c. ∅ᵢ 就到各户去了。　　　　　　　　　　（《四》）

叙述

（5）a. 她丑，

　　b. ∅ᵢ 老，

　　c. ∅ᵢ 厉害。　　　　　　　　　　　　　（《骆》）

罗列

例（4）的修辞结构是"叙述"语式，由三个核心论元组成，例（4b）和例（4c）都使用零形回指。例（5）的修辞结构是"罗列"语

式，也由三个核心论元组成，例（5b）和例（5c）都使用零形回指。其中，例（4c）和例（5c）中的回指语同先行词的线性距离都为1。

（6）a. 她（肖莉）ᵢ忙给宋建平续茶，

　　　b. øᵢ把盛瓜子的盘子向宋建平面前推，

　　　c. øᵢ并适时选择了新的轻松话题。　　　　　　　　（《中》）

$$\text{叙述}$$

（图：叙述，下分 a b c 三支）

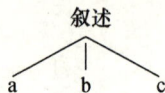

例（6）的修辞结构是"叙述"语式，例（6b）和例（6c）都使用零形回指。例（6c）和例（6a）中间除有小句例（6b）之外，还有专有名词"宋建平"。尽管先行词和回指语之间的线性距离和名词词语间隔距离都为1，说话者也运用零形代词回指先行词"她（肖莉）"。

在修辞结构距离为1的"叙述"语式中，如果它的核心论元报道连续的事件，说话者经常使用一连串的零形代词回指主语位置的先行词。此时，先行词和回指语之间的线性距离影响不了回指形式的选择。请看下面的例子：

（7）娟子ᵢ却依然兴致勃勃，øᵢ开箱子开包，øᵢ从里面往外掏东西，øᵢ掏出一大堆各色包装的小吃，øᵢ边掏边美滋滋道："我就喜欢上海的小吃！"　　　　　　　　　　　　　　　　　　　　　　（《中》）

例（7）连续用了四个零形回指。此例的线性距离虽然逐渐增大，但是事件中参与的人物单一，名词词语间隔距离始终都是0。

2. 修辞结构距离等于2

根据表5-1的统计数据，42.2%的零形回指分布在修辞结构距离为2的语篇环境中。当修辞结构距离为2时，修辞结构由两个语式，三个或者三个以上的论元组成。请看下面的例子：

（8）a. 祥子ᵢ为对付事情，

　　　c. øᵢ没敢争论，

　　　d. øᵢ一声没响的给挑满了缸。　　　　　　　　　（《骆》）

因果
叙述
a
b　c

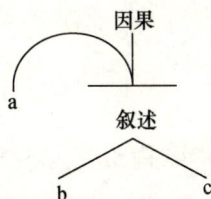

(9) a. 他（祥子）$_i$ 爱才如命，

　　b. 可是 $\emptyset_i$ 为维护事情，

　　c. $\emptyset_i$ 不得不狠了心。　　　　　　　　　　　　（《骆》）

让步
a
因果
b　c

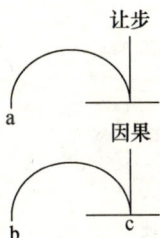

例（8）的修辞结构有两个层级，先行词在第一个层级的附加论元例（8a）中，零形回指语在"叙述"语式的两个核心论元例（8b）和例（8c）中，它们在第二个层级。例（9）的修辞结构也有两个层级，先行词在第一个层级的附加论元例（9a）中，零形回指语在"因果"语式的核心论元和附加论元中，它们在第二个层级。

类似于例（7），在修辞结构距离为 2 的语式中，如果"叙述"语式中的各个论元报道连续的事件，说话者往往选择使用一连串的零形回指语指称位于主语位置的先行词。先行词和回指语之间的线性距离对零形回指的运用也起不了决定作用。请看下面的例子：

（10）考试怎么考下来的林小枫$_i$ 全无印象，$\emptyset_i$ 只是觉着头痛头昏，犯困，一心一意想躺下，想把沉重的身体放平，想睡觉。$\emptyset_i$ 走出考场后，$\emptyset_i$ 打了个车直接回家，$\emptyset_i$ 连假都忘了跟单位请。$\emptyset_i$ 到家后上床就睡，$\emptyset_i$ 一觉睡到傍晚，$\emptyset_i$ 睁开眼时，足有好几秒钟，脑子全然空白，$\emptyset_i$ 想不起是在哪里是怎么回事，$\emptyset_i$ 只觉着全身无比松快，感冒似完全好了。　　（《中》）

例（10）连续用了九个零形回指。虽然先行词和回指语之间的线性距离逐渐增大，但是事件的参与人物非常单一，名词词语间隔距离始终都是0。

3. 修辞结构距离等于3

零形回指很少运用在修辞结构距离为3的语篇环境中，仅占总数的3.7%。当修辞结构距离为3时，它的结构比较复杂，至少有三个语式，由四个或者四个以上的论元组成。请看下面的例子：

(11) a. 他$_i$（祥子）双手托着这位小少爷，

    b. ø$_i$ 不使劲吧，

    c. ø$_i$ 怕滑溜下去；

    d. ø$_i$ 用力吧，

    e. ø$_i$ 又怕给伤了筋骨。

    f. 他$_i$ 出了汗。 （《骆》）

叙述
a
因果
f
对比
让步 让步
b c d e

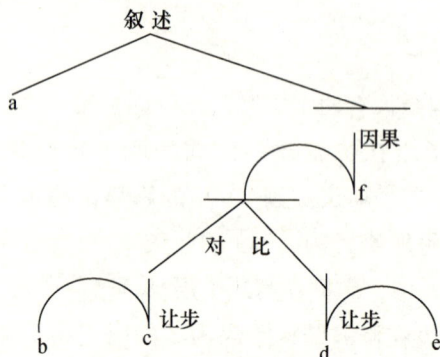

例（11）有四个层级结构，（11b）和（11c）、（11d）和（11e）构成两个"让步"语式，两个"让步"语式组成"对比"语式，"对比"语式和（11f）组成"因果"语式，"因果"语式和（11a）组成"叙述"语式。例（11）虽然由六个小句组成，结构层级复杂，但是每个小句都非常简短，而且两个"让步"语式还形成平行结构。

综上所述，说话者使用零形代词回指位于主语位置上的先行词时，语篇和实体具有如下特征：

第一，先行词和零形回指语之间的修辞结构距离和线性距离都很小，名词词语间隔距离一般小于1。修辞结构以多核心的"罗列"、"叙述"、"对比"等语式为主。

　　第二，先行词指称的语篇实体在小句的主语位置上，它是该语篇中的主要人物。一般情况下，当前语篇只有它一个实体。当零形回指语和先行词之间有干扰名词词语时，该名词词语只出现在句子的宾语位置上，不在句子的主语位置上。

　　（二）代词回指

　　先行词位于句子的主语位置时，78.9%的代词回指语位于句子的主语位置上，同先行词保持相同的指称，仅有21.1%的代词回指语在其他句法位置上，转换先行词的指称。根据记忆激活模式，当语篇实体在"注意焦点"和"激活的"状态时，说话者使用代词形式回指熟悉的实体。下面以修辞结构距离为纲，详细分析代词回指使用时的语篇特征和实体特征如何影响语篇实体的认知状态。

　　1. 修辞结构距离等于1

　　根据表5-1的统计数据，只有12.7%的代词回指分布在修辞结构距离为1的语篇环境中。请看代词回指运用在修辞结构距离为1，线性距离和名词词语间隔距离都为0的语篇中的例子：

　　（12）卖力气的事儿他$_i$都在行，他$_i$可是没抱过孩子。　　（《骆》）

　　（13）要是往常，瑞宣$_i$就该考虑按规矩辞职。可是这一回，他$_i$连想也没想仍然照常到校上课。（《四》）

　　（14）可是他不惯做这种事，他低着头走进里屋去。　　（《骆》）

　　上面三个例子有一个共同的特点，回指语所在的小句中都有转折连词"可是"。例（12）在回指代词"他"和谓语动词之间有连词"可是"。例（13）在回指代词"他"之前有转折连词"可是"。例（14）的句首有转折连词"可是"。

　　徐赳赳（2003：135）在研究现代汉语第三人称代词"他"的篇章回指时，指出"连词也直接影响着后面小句的主语成分的类型"。他统计频率较高的六个连词"但是、可是、然而、于是、不过、因为"，得出连词后的小句主语趋向于用人称代词"他"回指先行词的结论。

代词回指很少使用在修辞距离等于 1，线性距离大于 0 的语篇中①，但代词回指经常使用在名词词语间隔距离大于 0 的语篇中。请看下面的例子：

(15) 祥子ᵢ并没留意老头子的神气，他ᵢ顾不得留神这些闲盘儿。

(《骆》)

(16) 为什么不多搞点这样的宣传？他（瑞宣）ᵢ决定帮老三搞起来。耍笔杆子的事，他ᵢ在行。 (《四》)

例 (15) 和例 (16) 两例的名词词语间隔距离为 1，句中不仅有专有名词"老头子"和"老三"，而且这些专有名词指称的人物与先行词"祥子"和"瑞宣"在性别上相同。如果用代词"他"回指先行词，可能因代词"他"指代不明而引起歧义②。但是在这两个例子中，说话者没有因为使用代词回指可能产生歧义而选择名词回指。

2. 修辞结构距离等于 2

根据表 5-1 的统计数据，67.6% 的代词回指分布在修辞结构距离为 2 的语篇中。通常情况下，代词回指语位于低一层级的语式中。请看下面的例子：

(17) 祥子ᵢ自己可并没轻描淡写的随便忘了这件事。他ᵢ恨不得马上就能再买上辆新车，øᵢ越着急便越想着原来那辆。 (《骆》)

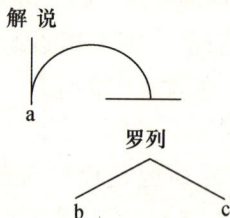

---

① 这里体现了零形回指和代词回指的区别。由多核心论元组成的"叙述"语式一般不用代词回指，由多核心论元组成"罗列"语式偶然使用。

② 代词"他"在书面语中指称第三人称单数的男性。在例 (15) 和例 (16) 中"他"不能把先行词和潜在的干扰名词区别开来，因此，这两例中可能因"他"指代不明而产生歧义。读者能够通过语义推理排除歧义。

例（17）中，虽然先行词"祥子"和回指代词"他"之间的线性距离为0，名词词语间隔距离也为0，但是它们在不同的结构层级。回指代词"他"在例（17b）和例（17c）构成的"罗列"语式中。

（18）一天到晚他ᵢ任劳任怨的去干，可是øᵢ干着干着，他ᵢ便想起那回事。　　　　　　　　　　　　　　　　　　　　　（《骆》）

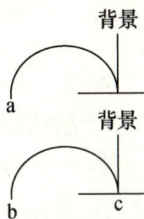

例（18）的先行词和回指代词之间的线性距离为1，回指代词"他"在例（18b）和例（18c）组成的低一层级的"背景"语式中。例（18）中也有转折连词"可是"。

代词回指也能使用在线性距离和名词词语间隔距离大于0的语篇中。请看下面的例子：

（19）他（李四爷）ᵢ从容不迫，øᵢ一声没吭，øᵢ举起手来，øᵢ照着日本人的脸就是一下子。他ᵢ忽然觉着非常痛快，得意。　　　（《四》）

例（19）同上面的两个例子不同。先行词在第一个语式中，先行词与回指语的线性距离为4，名词词语间隔距离为1。

3. 修辞结构距离等于3或3以上

根据表5－1的统计数据，18.3%的代词回指分布在修辞结构距离为3的语篇中。请看下面的例子：

（20）a. 他ᵢ一天到晚思索这回事，

　　　　b. 计算他ᵢ的钱；

　　　　c. øᵢ设若一旦忘了这件事，

　　　　d. 他ᵢ便忘了自己，

　　　　e. øᵢ而觉得自己只是个会跑路的畜生，没有一点起色与人味。

　　　　　　　　　　　　　　　　　　　　　　　　　（《骆》）

```
                   对  比
                  /      \
             罗列          条件
            /    \            |⌒
          a        b          罗列
                            /      \
                          d          e          c
```

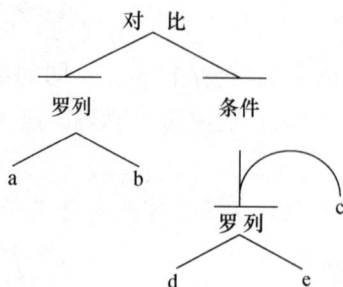

例（20）的修辞结构有三个层级，它由四个语式组成，结构比较复杂。先行词"他（祥子）"在第二个结构层级的（20a），代词回指语在第三个结构层级的（20d）中。虽然先行词和回指语之间的修辞结构距离和线性距离很大，但是名词词语间隔距离等于0。整段话语中只有一个人物"他"，没有其他参与人物。可见，"他（祥子）"是这段话语中的重要人物。

4. 代词回指分布在新段落的段首

代词回指语也使用在段首。请看下面的例子：

（21）待到能思考时，她（林小枫）$_i$方才发现，之所以能够睡得如此踏实酣畅，大概因为有了肖莉的那句承诺：下午她接当当。当当此刻不用说，在肖莉家里；不用说，晚饭也在人家家里吃的。

没有孩子的家里静静的。肚子觉得饿了，从早晨到现在她$_i$一口东西没吃。她$_i$去厨房下面，ø$_i$热热地吃了后，ø$_i$又把碗洗了，ø$_i$才去敲对门的门。　　　　　　　　　　　　　　　　　　　　　（《中》）

例（21）的第一个回指代词"她"，不仅与先行词的线性距离为7，名词词语间隔距离为2，而且还出现在新段落起始的地方。

综上所述，说话者使用代词回指位于主语位置上的先行词时，语篇和实体具有如下特征：

第一，先行词和代词回指语之间的修辞结构距离、线性距离和名词词语间隔距离比较小。语式类型呈现多样性特点，当名词词语间隔距离为0时，代词回指可以分布在不同的修辞结构距离和线性距离的语篇中。

第二，先行词指称的语篇实体在小句的主语位置上，它通常是该语篇中的重要人物。65％的情况下，语篇中只有先行词一个实体。当代词回指语和先行词之间有干扰名词词语时，该名词不出现在句子的主语位置上。即干扰名词没有打断线性话题链，代词回指语延续先行词的话题。

（三）名词回指

先行词位于句子的主语位置时，64.1%的名词回指语位于句子的主语位置上，同先行词保持相同的指称，35.9%的名词回指语在其他句法位置同先行词保持相同的指称。同代词回指相比，名词回指语转换主语指称的比例明显增大。根据认知激活模式，名词词语用来回指熟悉的实体。下面以修辞结构距离为纲，详细分析名词回指使用时的语篇特征和实体特征如何影响语篇实体的认知状态。

1. 修辞结构距离等于2

根据表5-1的统计数据，46.2%名词回指分布在修辞结构距离为2的语篇中。请看下面的例子：

（22）a. "他们要干什么？" 韵梅$_i$压低了嗓门问。

　　　b. "他们得上防空洞里去呆着。哼！"

　　　c. 瑞宣静静地站了一会儿，

　　　d. 然后走回院子里。

　　　e. 在黑暗中，韵梅$_i$凭身影儿和咳嗽的声音，ø$_i$慢慢地看出来，李四爷大门口站的是他的胖儿子。　　　　　（《四》）

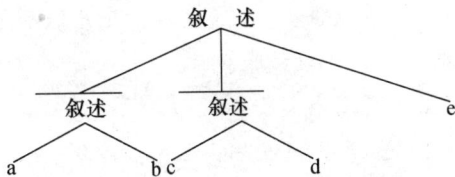

例（22）中，先行词"韵梅"和回指语"韵梅"的修辞结构距离为2，线性距离为3，名词词语间隔距离为1。

如果仅仅从统计数据上看，名词回指同零形回指和代词回指分布的语篇环境没有明显的区别。事实上，例（22）中的修辞结构、线性距离和间隔距离同零形回指和代词回指中的距离有很大的不同。

例（22）最高层的修辞结构是"叙述"语式，它由三个核心论元组成，核心论元按照时间的先后顺序报道连续发生的事件。例（22a）和例（22b）是"韵梅"和"瑞宣"的对话；例（22b）、例（22c）和例

（22d）三个小句记叙"瑞宣"的事件，例（22e）描述"韵梅"的事件。可见，修辞结构中的两个人物"韵梅"和"瑞宣"是整个事件的共同参与者，他们没有主次之分。从单个人物来看，例（22a）和例（22e）是报道"韵梅"的小句，中间关于"瑞宣"的四个小句打断了记叙"韵梅"的事件。从先行词的角度看，"瑞宣"在线性结构和层级结构上都打断了先行词"韵梅"和回指语"韵梅"之间的联系。从认知状态上看，说话者的注意焦点发生了转移，生从"韵梅"到"瑞宣"，又回到"韵梅"。

2. 修辞结构距离等于 3 及 3 以上

根据表 5-1，53.8% 的名词回指分布在修辞结构距离为 3 或 3 以上的语篇中。当修辞结构距离为 3 或 3 以上时，它的结构很复杂。请看下面的例子：

（23）a. 虎姑娘ᵢ 已经嘱咐他几回了："你这家伙要是这么干，吐了血可是你自己的事！"

b. 他（祥子）ⱼ 很明白这是好话，

c. 可是因为事不顺心，

d. 身体又欠保养，

e. 他ⱼ 有点肝火盛。

f. ∅ⱼ 稍微棱冷着点眼："不这么奔，几儿能买上车呢？"

g. 要是别人这么一棱棱眼睛，

h. 虎妞ᵢ 至少得骂半天街；

i. 对祥子，她ᵢ 真是一百一的客气，爱护。

j. 她ᵢ 只撇了撇嘴："买车也得悠停着来，当是你是铁作的哪！你应当好好的歇三天！"   （《骆》）

例（23）的修辞结构中有两个主要人物"祥子"和"虎妞"，核心语式（23a）和"解说"语式是关于"虎妞"的叙述，"因果"语式是关于"祥子"的报道，叙述"虎妞"的事件被报道"祥子"的"因果"语式打断。从先行词的角度看，"祥子"打断了先行词"虎妞"和回指语"虎妞"在线性结构和层级结构上的联系。

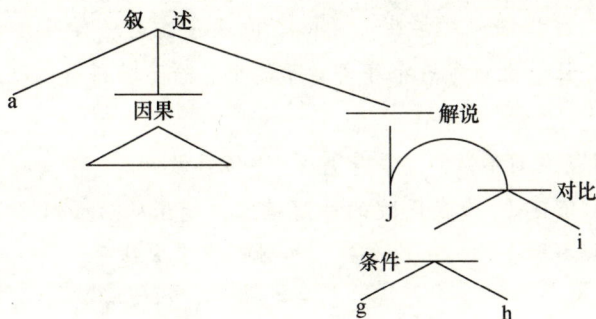

值得注意的是，修辞结构中的两个人物"祥子"和"虎妞"是异性，说话者如果分别用指称男性的代词"他"回指祥子，指称女性的代词"她"回指虎妞，读者能够借助代词的书写形式推断出它们分别指称的是"祥子"还是"虎妞"。但是说话者没有选择使用人称代词"他或她"回指"祥子或虎妞"，而是使用同形名词回指"祥子和虎妞"。

3. 新段落的首句

名词回指除了使用在被"打断"的语篇之外，常常用在篇章段落的起始句。请看下面的例子：

(24) 他（祥子）$_i$ 狠了心。买上车再说，买上车再说！有了车就足以抵得一切！

对花钱是这样一把死拿，对挣钱祥子$_i$ 更不放松一步。没有包月，他$_i$ 就拉整天，ø$_i$ 出车早，ø$_i$ 回来得晚，他$_i$ 非拉过一定的钱数不收车，ø$_i$ 不管时间，ø$_i$ 不管两腿；有时他$_i$ 硬连下去，拉一天一夜。　　（《骆》）

例 (24) 中，先行词"他"和回指名词"祥子"之间的线性距离为4，名词短语间隔距离为0，说话者使用了名词回指。

有时候线性距离为0，名词词语间隔距离也为0，当先行词跨段之后，说话者也用名词回指。请看下面的两个例子：

(25) 新校长是个中年人，眼光短浅，不过心眼儿不算坏。虽说这个位置是他费了不少力气运动来的，他倒并不打算从学生身上榨油，也不想杀学生的头。他没撤谁的职。瑞宣$_i$ 就留了下来。

对于瑞宣$_i$ 说来，这份差事之可贵，不在于有了进项，而是给了他一个机会，可以对祖国，对学生尽尽心。他逐字逐句给学生细讲——释字义，溯字源，让学生对每一个字都学而能用。除了教科书，还选了不少课外读物。 (《四》)

(26) 肖莉立刻不做声了。宋建平ᵢ也不再做声。

下班了，宋建平ᵢ走在医院的林荫道上，娟子从后面赶了上来，兴高采烈的。院长杰瑞今天又一次夸她，为她引荐了宋建平。 (《中》)

名词回指用在新段落的起始句，是它的典型用法。李樱（1985）曾指出，名词词语用来导入新的指称对象或者标示自然段的界限。

综上所述，说话者使用名词形式回指位于主语位置上的先行词时，语篇和实体具有如下特征：

第一，名词回指分布在新段落的段首句，或者结构比较复杂的语篇中。通常情况下，先行词和名词回指语之间的修辞结构距离大于1，线性距离和名词词语间隔距离大于0。

第二，先行词指称的语篇实体在小句的主语位置上，它通常是该语篇中的参与人物之一。名词回指语和先行词之间一般有干扰名词词语，而且该名词出现在句子的主语位置上。因此，干扰名词词语打断了先行词和回指语之间的线性话题链。

第三节　先行词在宾语位置的回指

在现代汉语语篇中，除了主语的所指对象是最常见的信息出发点之外，谓语部分中的某个新的信息成分也常常是信息出发点，该新信息成分一般由宾语来引进。因此，句子的动词宾语和介词宾语都有很强的启后性，它们的所指对象在后续句中常常被再次提及。

本节首先描写先行词在宾语位置时，先行词和回指语的位置关系；接下来，统计三类回指形式在三种不同语篇环境中的分布情况；最后，对三种回指形式进行分析。

一　宾语位置的先行词和回指语的位置关系

先行词在句子的宾语位置时，先行词和回指语的位置关系也包括位置相同/平行和位置不同/不平行两种情况。

（一）宾语位置的先行词和回指语的平行位置

本节的平行位置指回指语和位于宾语位置的先行词的句法位置相同，回指语也在句子宾语的位置。狭义的平行位置包括动词宾语—动词宾语、介词宾语—介词宾语；广义的平行位置即宾语—宾语，本节所说的平行位置是广义的。请看下面的例子：

（1）他向来没有反对过林佩姗的任何主张$_i$，现在他也不能反对ø$_i$。（蒋平，2004）

（2）阎光$_i$一直把赵百万$_j$当成"死老虎"，ø$_i$既没喂过ø$_j$，ø$_i$也没打过ø$_j$。（陈平，1987）

以上两个例子的先行词在宾语位置，零形回指语也在宾语位置。例（1）的动词宾语"林佩姗的任何主张"在后续小句的动词宾语位置以零形代词回指；例（2）的介词宾语"赵百万"在后续小句动词宾语位置以零形代词回指。

（3）"怎么着？"太太说完这个，又看了祥子$_i$一眼，不言语了，把四天的工钱给了他$_i$。　（《骆》）

（4）他求胖菊子$_i$别甩下他，跟她$_i$商量，一块逃出北平去。
　（《四》）

（5）对于瑞宣$_i$说来，这份差事之可贵，不在于有了进项，而是给了他$_i$一个机会，可以对祖国，对学生尽尽心。　（《四》）

以上三个例子的先行词在后续小句的宾语位置以代词回指。例（3）动词宾语位置的"祥子"在后续小句的动词宾语位置以代词回指；例（4）兼语位置的"胖菊子"在后续小句的介词宾语位置以代词回指；例（5）介词宾语位置的"瑞宣"在后续小句的宾语位置以代词回指。

（6）她忙给宋建平$_i$续茶，把盛瓜子的盘子向宋建平$_i$面前推，并适时选择了新的轻松话题。　（《中》）

（7）老头子有点纯为吓唬祥子$_i$而吓唬了，他心中恨祥子$_i$并不象恨女儿那么厉害，就是生着气还觉得祥子$_i$的确是个老实人。　（《骆》）

以上两个例子的先行词在后续小句的宾语位置用名词回指。例（6）介词宾语"宋建平"在后续小句的介词宾语位置以名词回指，例（7）动词宾语"祥子"在后续小句的宾语位置以名词回指。

（二）宾语位置的先行词和回指语的不平行位置

本节的不平行位置指回指语和位于宾语位置的先行词的句法位置不相同，回指语不在句子宾语的位置上。先行词和回指语可能出现的不平行位置包括宾语—句法话题、宾语—主语、宾语—领属语。请看下面的例子：

（8）她到现在还记得很明白的是，五六年前在土地庙的香市中看见一只常常会笑的猴子$_i$，ø$_i$ 一口的牙齿多么白。（蒋平，2004）

（9）这时，从图书馆走出一位大学生$_i$，他$_i$ 满头大汗，手上抱着一堆书。

（10）这时候，从山洞里跑出来一只猴子$_i$，那只猴子$_i$ 尾巴很长。

以上三个例子的先行词在宾语位置，回指语在后续小句的句法话题位置。例（8）存现动词宾语位置的"猴子"，在后续小句句法话题的位置用零形代词回指；例（9）存现动词宾语位置的"一位大学生"，在后续小句的句法话题位置用代词回指；例（10）动词宾语位置的"一只猴子"，在后续小句的句法话题位置用名词回指。

（11）乡街上的美发店本来就小，三张椅子，有两张上坐着客人$_i$，ø$_i$ 正无比舒服地接受着美发师的服务。　　　　　　　　　　（《状》）

（12）（肖莉的）语调里不自觉地带出的由感激而生出的讨好、奉迎，越发使宋建平$_i$ 过意不去，ø$_i$ 觉着自己实在是有一点得便宜卖乖，ø$_i$ 于是诚恳说道："如鱼得水谈不上，比较适合我而已。外企的人事关系相对要简单，我这人就简单。"　　　　　　　　　　　　　　（《中》）

（13）正在这个工夫，大太太喊祥子$_i$ 去接学生。他$_i$ 把泥娃娃赶紧给二太太送了回去。　　　　　　　　　　　　　　　　　（《骆》）

（14）院长杰瑞今天又一次夸她，为她引荐了宋建平$_i$。宋建平$_i$ 现在俨然成了爱德华医院的专家，ø$_i$ 是唯一一个进医院没多久就被允许单独上台的中国籍医生。　　　　　　　　　　　　　　（《中》）

（15）祥子想爬下去吻一吻那个灰臭的地，可爱的地，生长洋钱的地！没有父母兄弟，没有本家亲戚，他的唯一的朋友是这座古城ᵢ。这座城ᵢ给了他一切，就是在这里饿着也比乡下可爱。

　　上面五个例子的先行词在宾语位置，回指语在后续句的主语位置。例（11）宾语位置的先行词"客人"，在后续小句的主语位置用零形代词回指；例（12）是兼语句，宾语位置的"宋建平"，在后续小句的主语位置用零形代词回指；例（13）也是兼语句，宾语位置的"祥子"，在后续句主语位置用代词回指；例（14）宾语位置的"宋建平"，在后续句的主语位置用名词回指；例（15）宾语位置的"这座古城"，在后续句的主语位置用名词回指。

　　（16）他又搂了搂她ᵢ，把嘴伸到她ᵢ的胖腮邦子上："你一定得跟我一块儿死，咱俩一块儿死。"　　　　　　　　　　　　　（《四》）
　　（17）刘四爷也有点看不上祥子ᵢ：祥子ᵢ的拼命，早出晚归，当然是不利于他的车的。　　　　　　　　　　　　　　　　　（《骆》）

　　上面两个例子的先行词在宾语位置，回指语在领属语的位置。例（16）宾语位置的先行词"她"，在后续小句的领属语位置用代词回指；例（17）宾语位置的"祥子"，在后续小句的领属语位置以名词回指。

二　先行词在宾语位置时回指形式的分布统计

　　记忆激活模式假定说话者选择使用何种语言编码形式指称引入语篇模型的熟悉实体，取决于该实体在说话者的记忆系统中的认知状态。制约实体认知状态的语篇特征包括先行词和回指语之间的修辞结构距离、线性距离和名词词语间隔距离。本节分别统计先行词在宾语位置时，三类回指形式在三种不同语篇环境中的分布情况。

　　表5-4中的统计数据显示，零形回指集中分布在修辞结构距离为1和2的语篇环境中，分别占66.7%和33.3%。代词回指也主要分布在修辞结构距离为1和2的语篇环境中，分别占52.6%和47.4%。名词回指主要分布在修辞结构距离为2和3的语篇环境中，分别占59%和28.3%，累计87.3%。这清楚地表明：零形回指和代词回指同修辞结构距离的关系密切，它们随着修辞结构距离的逐渐增大，分布的百分比逐渐减小；相比之下，修辞结构距离对名词回指的影响没有零形回指和代词回指那样明

显，名词回指能够分布在不同的修辞结构距离中。

表5-4 回指语的篇章分布统计（一）

回指形式	先行词和回指语之间的修辞结构距离												总计		
	1			2			3			4及4以上			保持	转换	小计
	保持	转换	小计	保持	转换	小计	保持	转换	小计	保持	转换	小计			
零形	0	10	10	0	5	5							0	15	15
	0%	66.7%	66.7%	0%	33.3%	33.3%							0%	100%	100%
代词	19	11	30	14	13	27							33	24	57
	33.3%	19.3%	52.6%	24.6%	22.8%	47.4%							57.9%	42.1%	100%
名词	3	7	10	33	65	98	20	27	47	8	3	11	64	102	166
	1.8%	4.2%	6.0%	19.9%	39.2%	59.0%	12%	16.3%	28.3%	4.8%	1.8%	6.6%	38.6%	61.4%	100%
总计	22	28	50	47	83	130	20	27	47	8	3	11	97	141	238
	9.2%	11.8%	21.0%	19.7%	34.9%	54.6%	8.4%	11.3%	19.7%	3.4%	1.3%	4.6%	40.8%	59.2%	100%

表5-5 回指语的篇章分布统计（二）

回指形式	先行词和回指语之间的线性距离												总计		
	0			1			2			3及3以上			保持	转换	小计
	保持	转换	小计	保持	转换	小计	保持	转换	小计	保持	转换	小计			
零形	0	13	13	0	2	2							0	15	15
	0%	86.7%	86.7%	0%	13.3%	13.3%							0%	100%	100%
代词	14	16	30	13	8	21	6	0	6				33	24	57
	24.6%	28%	52.6%	22.8%	14%	36.8%	10.5%	0%	10.5%				57.9%	42.1%	100%
名词	14	48	62	15	9	24	11	21	32	24	24	48	64	102	166
	8.4%	28.9%	37.3%	9.1%	5.4%	14.5%	6.6%	12.7%	19.3%	14.5%	14.5%	28.9%	38.6%	61.4%	100%
总计	28	77	105	28	19	47	17	21	38	24	24	48	97	141	238
	11.8%	32.4%	44.1%	11.8%	8.0%	19.7%	7.1%	8.8%	16.0%	10.1%	10.1%	20.2%	40.8%	59.2%	100%

表5-5中的统计数据表明，回指语的编码形式同先行词和回指语之间的线性距离有关系。零形回指集中分布在线性距离为0的语篇环境中，占86.7%。代词回指随着线性距离的增大，分布的百分比逐渐减少，分别为52.6%、36.8%、10.5%。线性距离对名词回指选择的影响不明显，名词回指不均匀地分布在不同的线性距离中，它不随着线性距离的增大或

者减小发生相应的变化。

表 5 - 6　　　　　　　　回指语的篇章分布统计（三）

回指形式	先行词和回指语之间的名词词语间隔距离												总计		
	0			1			2			3及3以上			保持	转换	小计
	保持	转换	小计	保持	转换	小计	保持	转换	小计	保持	转换	小计			
零形	0 0%	14 93.3%	14 93.3%	1 6.7%	1 6.7%								0 0%	15 100%	15 100%
代词	18 31.6%	22 38.6%	40 70.2%	12 21.1%	2 3.5%	14 24.6%	3 5.3%	0 0%	3 5.3%				33 57.9%	24 42.1%	57 100%
名词	8 4.8%	60 36.1%	68 40.9%	29 17.5%	18 10.8%	47 28.3%	19 11.4%	14 8.4%	33 19.9%	8 4.8%	10 6%	18 10.8%	64 38.6%	102 61.4%	166 100%
总计	26 10.9%	96 40.3%	122 51.3%	41 17.2%	21 8.8%	62 26.1%	22 9.2%	14 5.9%	36 15.1%	8 3.4%	10 4.2%	18 7.6%	97 40.8%	141 59.2%	238 100%

注：零形行的"1"列：保持列空白，转换为 1（6.7%），小计为 1（6.7%）。

　　表 5 - 6 的统计数据显示，零形回指几乎都分布在先行词和回指语之间的名词词语间隔距离为 0 的语篇环境。代词回指主要分布在名词词语间隔距离为 0 和 1 的语篇环境，分别占 70.2% 和 24.6%，累计占 94.8%。名词回指分布在不同的间隔距离的语篇环境中，并且分布的百分比随着间隔距离的增大而逐渐减小。表 5 - 6 中的统计结果表明，名词词语间隔距离对零形回指和代词回指的制约作用非常明显，但是我们根据表中的数据很难发现名词词语间隔距离在制约零形回指和代词回指选择上有什么根本区别，也就是说，我们不能根据间隔距离的大小简单地推断什么时候使用零形回指，什么时候使用代词回指。

　　以上三个统计表中的数据表明修辞结构距离、线性距离和名词词语间隔距离对回指形式的选择都有一定的制约作用。一般情况下，先行词和回指语的修辞结构距离越大，它们之间的线性距离也越大，名词词语的间隔距离也可能越大。三个统计表的数据还表明，三种语篇距离对三类回指形式的选择制约作用并不一致，它们在影响说话者的认知状态时所起的作用不是等同的，它们也不能相互代替。

　　三个统计表的数据还显示，先行词位于小句的宾语位置时，回指语转换宾语指称的百分比超出了回指语保持宾语指称的百分比，前者为

59.2%，后者为40.8%。这一方面表明宾语位置上的先行词的启后性较弱；另一方面也表明宾语位置上的回指语的承前性较弱。

三　回指形式分析

上一节统计了先行词在宾语位置时，三类回指形式在三种不同语篇环境中的分布状况。统计数据表明三种语篇距离对回指形式的选择有很大的影响，这说明语篇特征能够影响位于宾语位置上的语篇实体的认知状态。下面各小节像第二节第三小节一样，把语篇特征和实体特征两个方面综合起来，详细具体地分析三类回指形式。

（一）零形回指

先行词位于句子的宾语位置时，零形回指语通常位于主语位置，转换宾语指称。下面以修辞结构距离为纲，分析语篇特征和实体特征如何使语篇实体处于最高激活状态。

1. 修辞结构距离为1

根据表5－4、表5－5和表5－6中的统计数据，零形回指分布的范围较小，对语篇环境的要求很高。修辞结构距离一般不超过2，线性距离不大于1，名词词语间隔距离等于0。其中66.7%的零形回指分布在修辞结构距离为1的语篇中。请看下面的例子：

（1）a. 只要新校长不撵，

　　　b. 他就按照瑞全的意思，照旧教他的书。

　　　c. 要是新校长真不留他$_i$，

　　　d. ø$_i$到时候再想办法对付。　　　　　　　　　　（《四》）

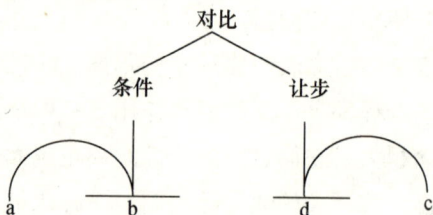

例（1）最高层级的修辞结构是"对比"语式，它由"条件"语式和"让步"语式组成，两个低层次的语式是平行结构。先行词"他"和零形回指语分别在"让步"语式的两个论元（1c）和（1d）中，它们之

间的修辞结构距离、线性距离和名词词语间隔距离都是 0。

　　例（1）的"让步"语式中有"校长"和"他（瑞宣）"两个参与人物，"校长"虽然不在先行词"他（瑞宣）"和零形回指语之间，但是"校长"在（1c）小句的主语位置上。根据陈平（1987）的观点，主语位置上的名词成分的启后性和承前性最强，为什么例（1）宾语位置上的"他（瑞宣）"的启后性反而比主语位置上的"校长"强呢？原因在于："让步"语式表示假设的、未然的事情，而且（1c）是一个否定句，即使"校长"位于主语位置，也是一个不在场的人物。所以，"让步"语式中的焦点人物是"他（瑞宣）"，而不是"校长"。

　　（2）a. 乡街上的美发店本来就小，

　　　　　b. 三张椅子，有两张上坐着客人$_i$，

　　　　　c. ø$_i$ 正无比舒服地接受着美发师的服务。　　　　　　（《状》）

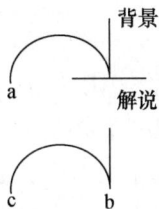

　　例（2）最高层级的修辞结构是"背景"语式，它由"解说"语式和（2a）组成。先行词"客人"和零形回指语分别在"解说"语式的两个论元（2b）和（2c）中，它们之间的修辞结构距离、线性距离和名词词语间隔距离都是 0。

　　例（2）中的（2b）是存现句，"客人"是句子中唯一的人物实体，它在说话者的注意中心。例（2）中除了人物实体"客人"之外，还有"美发师"。由于"美发师"在（2c）中，它丝毫不影响实体"客人"的认知状态。本书第四章指出存现句典型地用于将一个新的重要实体引入语篇，是话题的标示手段之一。由例（2）可知，说话者通常用零形代词回指存现句引入语篇模型的实体①。

----

　　① 下文的例（4）也支持此处的结论。

2. 修辞结构距离为2

表5－4的统计数据显示，33.3%的零形回指分布在修辞结构距离为2的语篇中。请看下面的例子：

(3) a. （肖莉的）语调里不自觉地带出的由感激而生出的讨好、奉迎，越发使宋建平$_i$过意不去，

    b. ø$_i$觉得自己实在是有一点得便宜卖乖，

    c. ø$_i$于是诚恳说道："如鱼得水谈不上，比较适合我而已。外企的人事关系相对要简单，我这人就简单。" （《中》）

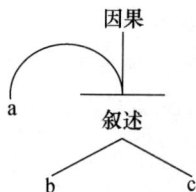

例（3）的先行词"宋建平"在（3a）句，零形回指语在（3b）和（3c）句，（3b）和（3c）组成"叙述"语式。例（3）不仅名词词语间隔距离为0，而且整个修辞结构中只有"宋建平"一个人物实体，他自然是说话者注意的焦点。（3a）和（3c）之间虽然有（3b）小句，但是（3b）既不是插入成分，也不是打断成分。（3b）和（3c）形成话题链结构。

(4) a. 学校里有个叫阮明的学生$_i$，

    b. ø$_i$一向跟曹先生$_j$不错，

    c. ø$_i$时常来找他$_j$谈谈。 （《四》）

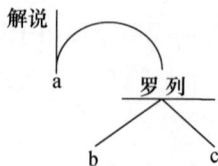

例（4）先行词"（一）个叫阮明的学生"做动词"有"的宾语，第

一个零形回指语与先行词之间的线性距离和名词间隔距离都为0，第二个零形回指语与先行词之间的线性距离和间隔距离都为1，它们中间插入了专有名词"曹先生"。"曹先生"在（4b）小句中是做介词的宾语，而且（4b）和（4c）是平行结构，用代词"他"回指"曹先生"不会引起歧义。

综上所述，说话者使用零形代词回指位于宾语位置上的先行词时，语篇和实体具有如下特征：

第一，先行词和回指语之间的修辞结构距离和线性距离都很小，名词词语间隔距离一般为0。修辞结构距离为1时，语式在整个修辞结构的最低层级，通常以一个核心论元和一个附加论元组成的语式为主。修辞结构距离为2时，两个或两个以上的零形回指语形成话题链结构。

第二，先行词指称的语篇实体虽然在小句的宾语位置上，但它是当前语篇中的重要人物。一般情况下，第一个零形回指语和先行词之间没有干扰名词词语。

（二）代词回指

先行词位于句子的宾语位置时，57.9%的代词回指语位于句子的宾语位置上，同先行词保持相同的指称，42.1%的代词回指语在其他句法位置上，转换先行词的指称。下面以修辞结构距离为纲，考察代词回指运用时的语篇特征和实体特征，分析它们如何影响语篇实体的认知状态。

1. 修辞结构距离为1

根据表5-4的统计数据，52.6%的代词回指分布在修辞结构距离为1的语篇中。其中，回指语保持宾语指称的占33.3%，回指语转换宾语指称的占19.3%。下面先分析代词回指语保持宾语指称的例子：

（5）二太太$_i$以为他$_j$这是存心轻看她$_i$，ø$_i$冲口而出的把他$_j$骂了个花瓜。　　　　　　　　　　　　　　　　　　　　（《骆》）

例（5）的先行词"他（祥子）"做动词的宾语，代词回指语"他"做介词的宾语。或许我们可以这样考虑，例（5）中的两个人物"二太太"和"他（祥子）"的性别不同，读者根据人称代词"他"的书写形式，能够推断回指代词"他"与动词宾语"他（祥子）"同指。事实上，即使语式中两个人物的性别相同，说话者也照样使用代词形式回指宾语。

请看下面的例子：

(6) 李四爷ᵢ 去找程长顺ⱼ，øᵢ 跟他ⱼ 要旧报纸。　　　　　（《四》）

(7) 肖莉ᵢ 先把她（林小枫）ⱼ 送去了考场，øᵢ 走前还告诉她ⱼ 下午也
不要去学校了。　　　　　　　　　　　　　　　　　　　（《中》）

例（6）中的"李四爷"和"程长顺"都是男性，例（7）中的"肖
莉"和"她（林小枫）"都是女性。说话者依然使用指称男性的代词
"他"回指"程长顺"，指称女性的代词"她"回指"她（林小枫）"，说
话者没有因为使用代词回指可能产生歧义而选择使用名词回指。

例（5）、例（6）、例（7）有两个共同的特点：

第一，先行词所在的小句有两个参与人物，在语义上，他们分别是施
事和受事。在回指语所在的小句中，他们仍然保持原来的语义关系。

第二，回指两个参与人物时，说话者分别用零形代词回指主语位置上
的先行词，用代词形式回指宾语位置上的先行词。

让我们接下来分析回指代词转换宾语指称的例子：

(8) a. 烟，酒，现在仿佛对他ᵢ 有种特别的诱惑力，
　　　b. 他ᵢ 觉得这两样东西是花钱不多，而必定足以安慰他ᵢ 使他依
　　　　 然能往前苦奔，而同时能忘了过去的苦痛。　　（《骆》）

(9) a. 瑞宣ᵢ 走到门口来看她ⱼ，
　　　b. 她ⱼ 一个劲儿说："你回去睡吧。"　　　　　　　（《四》）

(10) a. 正在这个工夫，大太太ᵢ 喊祥子ⱼ 去接学生。
　　　 b. 他ⱼ 把泥娃娃赶紧给二太太送了回去。　　　　（《骆》）

代词回指语转换宾语指称时，最典型的用法是回指语充当后续小句的
主语。本书第五章第二节曾指出，主语位置上的名词性成分的启后性比其
他句法位置上的名词性成分要强，为什么以上三个例子中动词的宾语能够
在先行词的竞争中胜出主语位置上的名词性成分，而且说话者还使用代词
形式回指它们呢？其原因包括两个方面：首先，先行词和回指语之间没有
插入干扰成分，修辞结构距离为1时，线性距离为0，名词词语间隔距离
为0。其次，以上三个例子的修辞结构都是"背景"语式。先行词在附加

论元的宾语位置，代词回指语在核心论元的主语位置。例（8）表面上看是由于人物单一，只有"他（祥子）"一人，使用代词回指"他（祥子）"不会产生歧义。例（9）和例（10）是由于参与人物的性别不同，根据人称代词的书写形式能够判断"她"和"他"的回指对象。实际上，三例中的"祥子"和"韵梅"都是这段话语中的重要人物，其他参与人物只是提供背景信息，交代事件发生的原因（如例8）和时间（如例9和例10）。

2. 修辞结构距离为2

根据表5-4的统计数据，47.4%的代词回指分布在修辞结构距离为2的语篇中。其中，回指语保持宾语指称的占24.6%，回指语转换宾语指称的占22.8%。下面先分析代词回指语保持宾语指称的例子：

（11）他$_i$想把这个宝贝去交给张妈$_j$——一个江北的大脚婆子。ø$_i$找到她$_j$，ø$_i$劈面就被她$_j$骂了顿好的。 （《骆》）

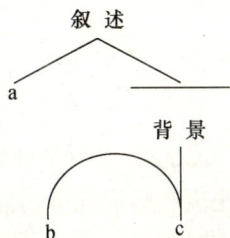

例（11）的修辞结构虽比上一节的例（5）、例（6）、例（7）的结构复杂，但例（11）也有类似它们的特点：第一，先行词所在的小句有两个参与人物，在语义上，他们分别是施事和受事。第二，回指两个参与人物时，说话者分别用零形代词回指主语位置上的先行词，用人称代词回指宾语位置上的先行词，主语位置上的先行词和零形回指语形成话题链结构。

接下来，分析代词回指语转换宾语指称的例子：

（12）二太太$_i$把个刚到一周岁的小泥鬼交给了他$_j$。他$_j$没了办法。卖力气的事儿他都在行，他可是没抱过孩子。 （《骆》）

```
                    叙 述
                   ╱╲
               a          ╲
                        因 果
                       ⌒‿⌒
              ┌─────────┐
                          b

                   让 步
                  ⌒‿⌒
          ┌────────┐
          c        d
```

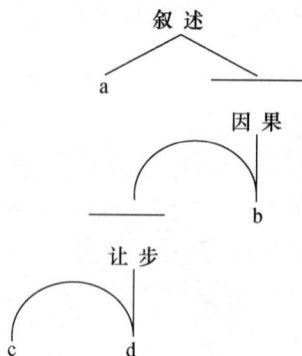

例（12）的修辞结构有三个层级，先行词"他（祥子）"在最高层级的（12a）中，回指语"他"在第二个层级的（12b）中，它们之间的修辞结构距离为 2，线性距离和名词词语间隔距离都为 0。（12a）中有三个人物实体"二太太"、"小泥鬼"和"祥子"。"祥子"是这段话语中的重要人物，上文已对"祥子"作了许多报道。我们从（12a）用代词"他"指称"祥子"可以推测，"祥子"是在上文就已经引入语篇的实体。

综上所述，说话者使用代词形式回指位于宾语位置上的先行词时，语篇和实体具有如下特征：

第一，语篇间隔距离都比较小，先行词和代词回指语之间的修辞结构距离一般为 1 或者 2，线性距离和名词词语间隔距离一般为 0。

第二，先行词指称的语篇实体在小句的宾语位置上，它是该语篇中的重要人物，或者是参与人物之一。当回指语保持宾语指称时，先行词指称的语篇实体是语篇中的次要人物；当回指语转换宾语指称时，先行词指称的语篇实体是语篇中的重要人物。

（三）名词回指

先行词位于句子的宾语位置时，38.6% 的名词回指语位于句子的宾语位置上，同先行词保持相同的指称，61.4% 的名词回指语在其他句法位置上，转换先行词的指称。下面以修辞结构距离为纲，考察名词回指运用时的语篇特征和实体特征，分析它们如何影响语篇实体的认知状态。

1. 修辞结构距离为 1

名词回指很少运用在修辞结构距离为 1 的语篇中，根据表 5 - 4 的统计数据，仅 6% 的名词回指分布在距离为 1 的语篇中。其中，回指语保持宾语指称的占 1.8%，回指语转换宾语指称的占 4.2%。请看下面的例子：

(13) 她ᵢ 忙给宋建平ⱼ 续茶，øᵢ 把盛瓜子的盘子向宋建平ⱼ 面前推，øᵢ 并适时选择了新的轻松话题。 (《中》)

例 (13) 的先行词"宋建平"做介词"给"的宾语，同形名词回指语"宋建平"在后续小句做介词"向"的宾语，回指语保持宾语指称。

(14) 大伙儿ᵢ 把李四爷ⱼ 抬回家，四爷ⱼ 两个多小时人事不知。(《四》)

例 (14) 的先行词"李四爷"做介词"把"的宾语，部分同形的名词回指语"四爷"在后续小句做主语，回指语转换宾语指称。

2. 修辞结构距离为 2

根据表 5-4 的统计数据，59% 的名词回指分布在修辞结构距离为 2 的语篇中。其中，回指语保持宾语指称的占 19.9%，回指语转换宾语指称的占 39.2%。请看下面的例子：

(15) a. 他ᵢ 自己承认了应当怕女儿ⱼ，
    b. øᵢ 也就不肯把祥子ₖ 赶出去。
    c. 这自然不是说，他ᵢ 可以随便由着女儿ⱼ 胡闹，以至于嫁给祥子ₖ。 (《骆》)

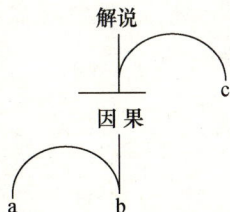

```
            解说
           ╭──────╮
     ──────        c
            因果
     ╭──────╮
     a      b
```

例 (15) 的先行词"女儿"在 (15a)，名词回指语在 (15c)，回指语保持宾语指称。这段话中有三个人物"他（刘四爷）"、"祥子"和"女儿（虎妞）"，其中"刘四爷"是重要人物，其他两个都是次要的、不在场的人物。因此，"祥子"和"女儿"激活的程度要比"刘四爷"低。

(16) a. 他_i 在街上遇到明月和尚_j，

　　 b. ø_i 把想为地下组织写东西的打算讲了讲。

　　 c. 和尚_j 交待给他_i 几个地址，

　　 d. 写出来的东西就往那儿送。　　　　　　　　（《四》）

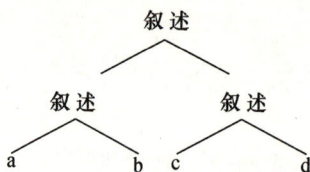

例（16）的先行词"明月和尚"在（16a），部分同形的名词回指语在（16c），回指语转换宾语指称。这段话中有两个人物"他（瑞宣）"和"明月和尚"，"瑞宣"是重要人物，"明月和尚"是次重要人物。

3. 修辞结构距离为 3 及 3 以上

根据表 5 - 4 的统计数据，34.9% 的名词回指分布在修辞结构距离为 3 及 3 以上的语篇环境之中。其中，回指语保持宾语指称的占 16.8%，回指语转换宾语指称的占 18.1%。请看下面的例子：

(17) a. 可是他_i 不敢打张妈_j，

　　 b. 因为好汉不和女斗；

　　 c. ø_i 也不愿还口。

　　 d. 他_i 只瞪了张妈_j 一眼。　　　　　　　　（《骆》）

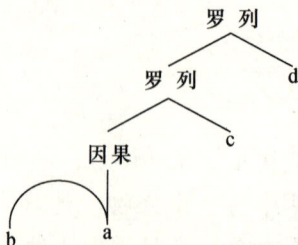

例（17）的先行词"张妈"在（17a），名词回指语在（17d），回指语保持宾语指称。

（18）a. 有时候他ᵢ颇想把祥子ⱼ撵出去；

　　　b. 看看女儿ₖ，

　　　c. 他ᵢ不敢这么办。

　　　d. 他ᵢ一点没有把祥子ⱼ当作候补女婿的意思，

　　　e. 不过，女儿ₖ既是喜爱这个愣小子ⱼ，

　　　f. 他ᵢ就不便于多事。　　　　　　　　　　　　　（《骆》）

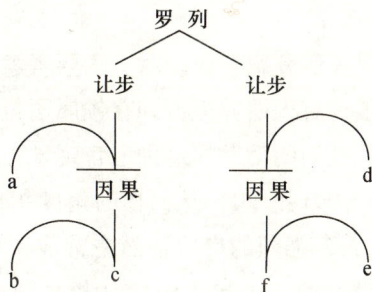

例（18）的先行词"女儿"在（18b），名词回指语在（18f），回指语转换宾语指称。

4. 新段落的起始句

当跨越段落边界的语篇提及上一段位于宾语位置的先行词时，说话者常常用名词回指，这同本书第五章第二节第三小节讨论的名词回指用在新段落的起始句的情况很相似。请看下面的例子：

（19）以前，大家ᵢ虽找不出祥子ⱼ的毛病，但是以他ⱼ那股子干僵的劲儿，他们ᵢ多少以为他ⱼ不大合群，别扭。

自从"骆驼祥子"传开了以后，祥子ⱼ虽然还是闷着头儿干，不大和气，大家ᵢ对他ⱼ却有点另眼相看了。　　　　　　　　（《骆》）

例（19）的先行词"他"在上一段落的最后一句中做动词的宾语，在新段落用名词"祥子"回指。

综上所述，说话者使用全称名词回指位于宾语位置上的先行词时，语

篇和实体具有如下特征：

第一，名词回指分布在复杂的修辞结构或者新段落的起始句。先行词和回指语之间的修辞结构距离一般都大于 1，线性距离和名词间隔距离一般都大于 0。

第二，语篇实体在宾语位置上，它是当前叙述语篇中的人物之一，但不是重要人物。名词回指语和先行词之间一般都有干扰名词词语，这些干扰名词打断了先行词和回指语之间的线性联系。

第四节　先行词在领属语位置的回指

我国当今语言学界在研究篇章回指时，主要考察先行词在主语和宾语位置时的回指现象，很少有人研究先行词在领属语位置时的回指现象。不过，领属语常常成为后续句的话题的这种语言现象，早就引起了一些学者的关注。陈平（1987，1991：190）从回指的角度指出定语成分有时具有很强的启后性，"因为具备强烈的启后性而常常成为后续句主题的所指对象，除了出现在上面讨论的三种句法位置（指主语、动词宾语和存现动词宾语）之外，还经常附属于占据这三种位置的其他名词性成分，以后者的定语成分的形式出现，尤为常见的是用作主语的定语成分"。方梅（2005）从话题的延续性的角度指出"在汉语中，主语位置上的领格（领属）名词在延续话题方面的地位仅次于主语，表现为，后续句常常承前定语而省"。张伯江从领属结构的角度把这种语言现象称为"领语提升"。他们的研究表明，先行词在领属语位置的回指现象不仅涉及篇章回指，而且同话题的延续性以及领属结构等语言现象相关。

本节首先分析先行词在宾语位置时，先行词和回指语的位置关系；接下来，统计三类回指形式在三种不同语篇环境中的分布情况；最后，对三种回指形式进行分析。

一　领属语位置的先行词和回指语的位置关系

先行词在句子的领属语位置时，先行词和回指语的位置关系也包括位置相同/平行和位置不同/不平行两种情况。

（一）领属语位置的先行词和回指语的平行位置

本节的平行位置指回指语和位于领属语位置的先行词的句法位置相

同，回指语也在句子领属语的位置。平行位置主要包括主语（或话题）领属语—主语（或话题）领属语、宾语领属语—宾语领属语。请看下面的例子：

（1）祥子$_i$的脸通红，$ø_i$手哆嗦着。　　　　　　　　　　（《骆》）

（2）祥子$_i$的衣服早已湿透，全身没有一点干松的地方；隔着草帽，他$_i$的头发已经全湿。　　　　　　　　　　　　　　　　　（《骆》）

（3）街上的坦克，象几座铁矿崩炸了似的发狂的响着，瑞宣$_i$的耳朵与心仿佛全聋了。

"大哥！"

"啊？"瑞宣$_i$的头偏起一些，用耳朵来找老三的声音。"呕！说吧！"

"我得走！大哥！不能在这里作亡国奴！"

"啊？"瑞宣$_i$的心还跟着坦克的声音往前走。　　　　　（《四》）

上面三个例子的先行词在前一个小句的主语的领属语位置，回指语在后续小句的主语的领属语位置。例（1）主语的领属语"祥子"在后续小句的主语的领属语的位置上用零形代词回指；例（2）主语的领属语"祥子"在后续小句的主语的领属语的位置上用代词回指；例（3）主语的领属语"瑞宣"在后续小句的主语的领属语的位置上用名词回指。

（4）麻拉拉跟着话音把一铣羊粪撂出来，碎碎的几块粪土滚着，滚到了姜干部$_i$的脚面上，染脏了他$_i$的皮鞋，他$_i$就狠命地跺着脚，离得羊圈远远的。　　　　　　　　　　　　　　　　　　　（《状》）

（5）把虎妞$_i$的话从头至尾想了一遍，他觉得象掉在个陷阱里，手脚而且全被夹子夹住，决没法儿跑。他不能一个个的去批评她$_i$的主意，所以就找不出她$_i$的缝子来。　　　　　　　　　　　　　　（《骆》）

上面两个例子的先行词在前一个小句的宾语的领属语的位置，回指语在后续句的宾语的领属语位置。例（4）动词宾语的领属语"姜干部"在后续小句的宾语的领属语位置上用代词回指；例（5）介词宾语的领属语"虎妞"在后续句的宾语的领属语位置上用代词回指。

（6）天佑太太看不清楚韵梅ᵢ的脸，而直觉的感到事情有点不大对："怎么啦？小顺儿的妈！"韵梅ᵢ的憋了好久的眼泪流了下来。　　（《四》）

例（6）先行词"韵梅"在宾语的领属语位置上，在后续句的主语的领属语位置上用名词回指。

（二）领属语位置的先行词和回指语的不平行位置

不平行位置指回指语和位于领属语位置的先行词的句法位置相同，回指语不在句子领属语的位置。不平行位置包括主语领属语—主语（或话题）、主语领属语—宾语、宾语领属语—主语（或话题）、宾语领属语—宾语。

（7）祥子ᵢ的手哆嗦得更厉害了，øᵢ 揣起保单，øᵢ 拉起车，øᵢ 几乎要哭出来。　　（《骆》）

（8）祥子ᵢ的脸忽然红得象包着一团火，他ᵢ知道事情要坏！　（《骆》）

（9）虎妞ᵢ的话还在他心中，仿佛他要试验试验有没有勇气回到厂中来，假若虎妞ᵢ能跟老头子说好了的话；在回到厂子之前，先试试敢走这条街不敢。　　（《骆》）

以上三个例子的先行词在第一个小句的主语的领属语的位置，回指语在后续小句的主语位置。例（7）主语的领属语"祥子"在后续小句的主语位置上用零形回指；例（8）主语的领属语"祥子"在后续小句的主语位置上用代词回指；例（9）主语的领属语"虎妞"在接下来小句的主语位置上用名词回指。

（10）刘东北明白了。明白了就没有办法了。宋建平ᵢ的处境超乎他的经验。最后，他郑重建议他ᵢ去医院开证明，性无能的证明。是下下策，但是，除此下下策，就宋建平而言，没有他策。　（《中》）

（11）钱先生ᵢ的样子与言语丝毫没能打动他的心，他只是怕钱先生ᵢ扑过来抓住他。　　（《四》）

以上两个例子的先行词在前一个小句的主语的领属语位置，回指语在后续句的宾语位置。例（10）主语的领属语"宋建平"在后续小句的宾语位置上用代词回指；例（11）主语的领属语"钱先生"在后续小句的宾语位置上用名词回指。

（12）门儿先推开一道缝，伸进一张女人ᵢ的圆脸，øᵢ看看屋里没旁人，øᵢ才把整个身子移了进来。　　　　　　　　　　　　（陈平1987）

（13）这是姜干部ᵢ的预谋哩！他ᵢ要把黑眼圈公羊洗得干干净净，打扮得漂漂亮亮，好到赛羊会上拿奖呀！　　　　　　　　　　　（《状》）

（14）那次她接受了肖莉ᵢ的邀请。人再要强，也抵不过现实情况的严峻。肖莉ᵢ先把她送去了考场，走前还告诉她下午也不要去学校了，她会接当当回来。　　　　　　　　　　　　　　　　　　　（《中》）

上面三个例子的先行词在上一个小句的宾语的领属语位置，回指语在后续句的主语位置。例（12）宾语的领属语"女人"在后续小句的主语位置上用零形代词回指；例（13）宾语的领属语"姜干部"在后续句的主语位置上用代词回指；例（14）宾语的领属语"肖莉"在接下来的句子的主语位置上用名词回指。

（15）"知道吗？"娟子走在宋建平ᵢ的身边，侧脸仰视着他ᵢ，"今天杰瑞说我是伯乐。"　　　　　　　　　　　　　　　　　　（《中》）

（16）金三爷见瑞宣ᵢ的嘴这么严实，起了疑。他觉着瑞宣ᵢ准知道钱先生的下落，只不过不肯告诉他罢了。　　　　　　　　　　　（《四》）

以上两个例子的先行词在第一个小句的宾语的领属语位置，回指语在后续句的宾语位置。例（15）宾语的领属语"宋建平"在后续小句的宾语位置上用代词回指；例（16）宾语的领属语"瑞宣"在后续句的宾语位置上用名词回指。

语料检索表明，先行词位于小句的领属语位置时，回指语基本上是"转换"领属语指称，很少"保持"领属语指称。这一方面表明，同主语和宾语位置上的先行词相比，领属语位置上的先行词的启后性较弱；另一方面表明，领属语位置上的回指语的承前性也较弱。为了缩小本书的研究范围，下面考察先行词在领属语位置上的回指时，仅限于先行词在主语的领属语位置，回指语在后续小句的主语位置上的回指现象。

二　先行词在领属语位置时回指形式的分布统计

记忆激活模式假定说话者选择使用何种语言编码形式指称引入语篇模型的熟悉实体，取决于该实体在说话者的记忆系统中的认知状态。制约实体认知状态的语篇特征包括先行词和回指语之间的修辞结构距离、线性距离和名词词语间隔距离。本节分别统计先行词在领属语位置时，三类回指形式在三种不同语篇环境中的分布情况。

表 5 – 7　　　　　　　　　　　　回指语的篇章分布统计（一）

回指语形式	先行词和回指语之间的修辞结构距离				小计
	1	2	3	4 及 4 以上	
零形回指	54 63.5% 50%	54 31.8% 50%			108 100%
代词回指	31 36.5% 24.6%	95 55.9% 75.4%			126 100%
名词回指		21 12.3% 91.3%	2 100% 8.7%		23 100%
总计	85 33.1%	170 66.1%	2 0.8%		257 100%

表 5 – 7 中统计数据显示，零形回指都分布在修辞结构距离为 1 和 2 的语篇环境，百分比分别为 50%；代词回指主要分布在修辞结构距离为 2 的语篇环境，占 75.4%；名词回指也集中分布在修辞结构距离为 2 的语篇环境中，占 91.3%，超出了代词在该语篇环境中的分布百分比。纵向比较表中的数据，当修辞结构距离为 1 时，零形、代词和名词回指的百分比分别为 63.5%、36.5% 和 0%，零形回指呈现出明显的优势；修辞结构距离为 2 时，零形、代词和名词回指的百分比分别为 31.8%、55.9% 和 12.3%，代词回指呈现出明显的优势，名词回指也主要分布在该语篇环境中；修辞结构距离为 3 时，几乎都是用名词回指。这清楚地表明，修辞结构距离越小，倾向于用简省的回指形式（零形和代词）；修辞距离越大，

倾向于用名词回指形式。

　　表5-8中的统计数据表明，零形回指和代词回指的分布同先行词和回指语之间的线性距离有密切的关系：它们随着线性距离的增大，分布的百分比逐渐减少。名词回指同先行词和回指语之间的线性距离也有关系，但不是随着线性距离的增大，百分比相应地增大，而是忽高忽低。纵向比较表中的数据，当线性距离为0时，零形、代词和名词回指的百分比分别为48.4%、49%和2.6%；当线性距离为1时，零形、代词和名词回指的百分比分别为33.8%、55.4%和10.8%；当线性距离为2时，零形和代词回指仍然占很大的比例；当线性距离大于2，名词回指的百分比最大。根据表5-8的数据，我们很难通过线性距离发现零形回指和代词回指使用条件有何不同，换句话说，我们从线性距离很难判断什么时候运用零形回指或者代词回指。

表5-8　　　　　　　　　　回指语的篇章分布统计（二）

回指语 形式	先行词和回指语之间的线性距离				小计
	0	1	2	3及3以上	
零形回指	74 48.4% 68.5%	25 33.8% 23.1%	7 43.8% 6.5%	2 14.3% 1.9%	108 100%
代词回指	75 49% 59.5%	41 55.4% 32.5%	7 43.8% 5.6%	3 21.4% 2.4%	126 100%
名词回指	4 2.6% 17.4%	8 10.8% 34.8%	2 12.5% 8.7%	9 64.3% 39.1%	23 100%
总计	153 59.5%	74 28.8%	16 6.2%	14 5.4%	257 100%

　　无论将表5-9中的数据进行横向或纵向比较，我们都会发现零形回指和代词回指都集中分布在名词词语间隔距离为0的语篇环境之中。横向看，零形回指和代词回指的百分比分别为94.4%和88.9%；纵向看，零形回指和代词回指的百分比分别为47.2%和51.9%。相比之下，名词回

表 5 - 9 回指语的篇章分布统计（三）

回指语形式	先行词和回指语之间的名词词语间隔距离				小计
	0	1	2	3 及 3 以上	
零形回指	102 47.2% 94.4%	6 17.6% 5.6%			108 100%
代词回指	112 51.9% 88.9%	1132.4% 8.7%	3 42.9% 2.4%		126 100%
名词回指	2 0.9% 8.7%	17 50% 73.9%	4 57.1% 17.4%		23 100%
总计	216 84.0%	34 13.2%	7 1.9%		257 100%

指在间隔距离为 0 的语篇环境的百分比仅有 0.9%。当名词词语间隔距离为 1 时，名词回指的百分比超出了零形回指和代词回指。类似于表 5 - 8 中的统计结果，我们也很难通过名词词语间隔距离发现制约零形回指和代词回指使用条件有什么差别。也就是说，凭借名词词语间隔距离这样的语篇环境，我们不能确定什么时候使用零形回指或者代词回指。

以上三个统计表中的统计数据表明，修辞结构距离、线性距离和名词词语间隔距离对回指形式选择的影响表现出共同的倾向。一般情况下，先行词和回指语之间的修辞结构距离越大，它们之间线性距离也越大，名词词语的间隔距离也可能越大。此外，统计表中的数据也表明，三种语篇距离对三类回指形式的制约作用不是同步的。这说明篇章因素在影响说话者的认知状态过程中所起的作用不是等同的，它们不能互相代替。

三　回指形式分析

上一节统计了先行词在主语的领属语位置，回指语在后续小句的主语位置时，三类回指形式在三种语篇环境中的分布情况。统计数据表明三种语篇距离对回指形式的选择有很大的影响，这说明语篇特征能够影响位于领属语位置上的实体的认知状态。下面各小节像第五章第二节第三小节和

第五章第三节第三小节一样，把语篇特征和实体特征两个方面综合起来，详细具体地分析三类回指形式。

（一）零形回指

先行词在小句主语的领属语位置时，零形回指均匀地分布在修辞结构距离为 1 和 2 的语篇环境。下面以修辞结构距离为纲，考察零形回指运用时的语篇特征和实体特征，分析它们如何影响语篇实体的认知状态。

1. 修辞结构距离为 1

表 5 - 7 中的统计数据表明，50% 的零形回指分布在修辞结构距离为 1 的语篇中。我们对语料进行穷尽性检索之后发现，当修辞结构距离为 1 时，线性距离和名词词语间隔距离一般也为 0[①]。请看下面的例子：

（1）刘四爷$_i$的脸由红而白，ø$_i$ 把当年的光棍劲儿全拿了出来。（《骆》）

（2）姜干部$_i$的脸板起来了，ø$_i$ 责备姑娘们笑什么笑？　　（《状》）

（3）刘四爷$_i$的大圆眼在祥子身上绕了绕，ø$_i$ 什么也没说。（《骆》）

上面 3 个例子的修辞结构是"背景"语式，它由一个核心论元和一个附加论元组成。通常情况下，回指语在核心论元中，核心论元是前景（foreground）句[②]，它报道事件的发展过程；先行词在附加论元，附加论元是背景（background）句，它说明事件发展的原因、时间和空间背景等。

2. 修辞结构距离为 2

表 5 - 7 中的统计数据表明，50% 的零形回指分布在修辞结构距离为 2 的语篇中。当修辞结构距离为 2 时，语式有三种构成情况：第一种是先行词位于低一层级的语式；第二种是回指语位于低一层级的语式；第三种是先行词和回指语都位于低一层级的语式。请看下面的例子：

（4）a. 二强子$_i$的眼睛瞪圆，

　　 b. 两脚拌着蒜，

---

① 下面的例（3）是我们在语料中检索到的一个名词词语间隔距离等于 1 的例子，其他的间隔距离都为 0。

② 表达前景信息的小句或句子称为前景句，表达背景信息的小句或句子称为背景句。

　　c. ∅ᵢ 东一晃西一晃的扑过来。　　　　　　　　　　（《骆》）

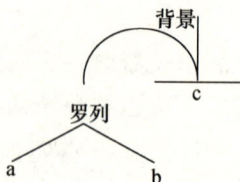

　　例（4）是第一种情况。（4a）和（4b）是平行结构①，它们组成"罗列"语式，先行词"二强子"在低层级的"罗列"语式中，回指语在（4c）中。"罗列"语式是背景句，（4c）是前景句。（4a）和（4b）的动作与（4c）的动作行为同时发生，说明二强子"扑过来"时"眼睛"和"两脚"的状态。

　　（5）a. 祥子ᵢ的手哆嗦得更厉害了，

　　　　　b. ∅ᵢ 揣起保单，

　　　　　c. ∅ᵢ 拉起车，

　　　　　d. ∅ᵢ 几乎要哭出来。　　　　　　　　　　　（《骆》）

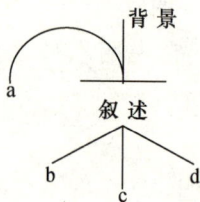

　　例（5）是第二种情况。（5b）、（5c）和（5d）构成"叙述"语式，先行词在（5a）中，回指语在"叙述"语式中，零形回指语形成话题链结构。（5a）是背景句，"叙述"语式是前景句，报道事件的发展过程。

　　（6）a. 祥子ᵢ的大脚东插一步，西跨一步，

　　　　　b. 两手左右的拨落，

────────────

①　陈平（1987）认为，（4b）小句的句首有一个零形回指语做领属语，这种回指现象超出了本书的研究范围。

c. øᵢ 象条瘦长的大鱼，随波欢跃那样，

d. øᵢ 挤进了城。　　　　　　　　　　　　　　　　　（《骆》）

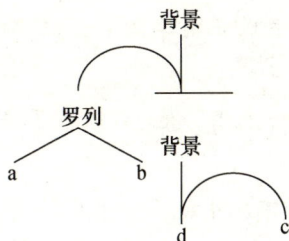

例（6）是第三种情况。（6a）和（6b）是平行结构，构成"罗列"语式，（6c）和（6d）组成"背景"语式。先行词在"罗列"语式中，回指语在"背景"语式中。（6a）（6b）和（6c）3个小句是背景句，（6d）是前景句。

综上所述，说话者使用零形代词回指位于主语领属语位置上的先行词时，语篇和实体具有如下特征：

第一，先行词和零形回指语之间的修辞结构距离和线性距离都很小，名词词语间隔距离一般为0。最高层次的语式类型比较单一，以"背景"语式为主。

第二，先行词所指称的语篇实体虽然是在主语的领属语位置上，但它是该叙述语篇中的重要人物。句子中一般没有潜在干扰的先行词，即使在先行词和回指语之间插入了指人的名词词语，该名词词语既不是话题，也不是句子的主语，甚至一般不以施事或者受事的语义角色出现在句子中。

（二）代词回指

当先行词在小句主语的领属语位置时，代词回指主要分布在修辞结构距离为1和2的语篇环境之中。不过，代词回指不像上节讨论的零形回指那样，很均匀地分布在距离为1和2的修辞结构中，而是集中分布在修辞结构距离为2的语篇中。下面以修辞结构距离为纲，考察代词回指运用时的语篇特征和实体特征，分析它们如何影响语篇实体的认知状态。

1. 修辞结构距离为1

表5-7中的统计数据表明，24.6%的代词回指分布在修辞结构距离为1的语篇中。同零形回指的情况相似，当先行词和回指语之间的修辞结构距

离为 1 时，线性距离和名词词语间隔距离一般也为 0。请看下面的例子：

（7）祥子$_i$的脸忽然红得像包着一团火，他$_i$知道事情要坏！（《骆》）

（8）祁老人$_i$的小眼睛没敢正视李四爷；他$_i$知道一正看他的几十年的老友，他便会泄了气。　　　　　　　　　　　　　　　（《四》）

（9）老人$_i$的眼里没有一点泪，他$_i$好像下了决心不替别人难过而只给他们办事。　　　　　　　　　　　　　　　　　　　　　（《四》）

（10）老人$_i$的眼睛也并不完全视而不见的睁着，他$_i$看出来瑞丰的行动是怎样的越来越下贱。　　　　　　　　　　　　　　　（《四》）

（11）老人$_i$的腿不听使唤，可他$_i$还是一个劲儿往前走。　（《四》）

（12）老人$_i$的长脸尖鼻子，与灰蓝色的眼珠，还都照旧，可是他$_i$已失去那点倔强而善良的笑容。　　　　　　　　　　　　　（《四》）

以上六个例子的语式都由一个核心论元和一个附加论元构成。与上节讨论的零形回指不同的是，代词回指语不一定在核心论元中，有些回指语在附加论元中。

代词回指语所在的小句有两个特点：第一，有些小句的谓语动词由心理和感知动词充当，如例（7）和例（8）的谓语动词是"知道"，例（9）的谓语动词是"下决心"，例（10）的谓语动词是"看出来"。这 4 个句子在情状（situation）类型上都是活动（activity）情状，而不是结束（achievement）或者完成（accomplishment）情状。第二，有些小句中有连词，尤其是有转折连词，如例（11）中的转折连词"可"，例（12）中的转折连词"可是"。这同第五章第二节第三小节中的代词回指的情况非常类似。

2. 修辞结构距离为 2

表 5-7 中的统计数据表明，75.4% 的代词回指分布在修辞结构距离为 2 的语篇中。当修辞结构距离为 2 时，修辞结构像上节讨论的零形回指一样，也有三种不同的构成情况：先行词在低一层级的语式中；回指语在低一层级的语式中；先行词和回指语都在低一层级的语式中。我们先讨论第一种情况，请看下面的例子：

（13）a. 韵梅$_i$的大眼睁得特别的大，

b. 而嘴角上有一点笑——一点含有歉意的笑，

c. 她_i 永远怕别人嫌她多嘴，或说错了话。 （《四》）

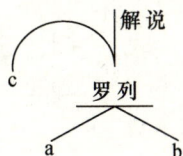

例（13）的先行词在（13a）中，代词回指语在（13c）中。（13a）和（13b）组成"罗列"语式，"罗列"语式作为核心论元同附加论元（13c）构成"解说"语式。（13c）的谓语由心理动词"怕"充当，在情状类型上是行为情状。因此，（13c）不是报道一件特定的事件。

下面的两个例子是第二种情况：

（14）a. 祁老人_i 的脸上没有一点笑容。

　　 b. 很勉强的，他_i 喝了半盅儿酒，

　　 c. ∅_i 吃了一箸子菜。 （《四》）

（15）a. 祥子_i 的泪要落下来。

　　 b. 他_i 不会和别人谈心，

　　 c. 因为他的话都是血做的，窝在心的深处。 （《骆》）

（14）

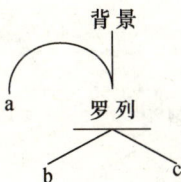

例（14）的先行词在（14a）中，代词回指语在（14b）中。（14b）和（14c）组成"罗列"语式，"罗列"语式作为一个核心论元和（14a）构成"背景"语式。例（14）有两个地方不同于本节零形回指中的例（5）：

第一，在回指代词"他"之前有一个易位成分"很勉强的"，易位成分打断了前后论元之间的连贯；

第二，（14b）和（14c）是报道两件可以互换顺序的已经完成了的事情，而不是叙述两件连续发生的事情。

(15)

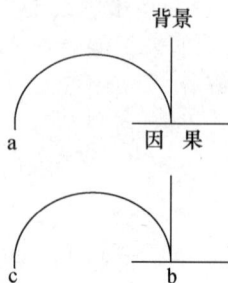

例（15）的先行词在（15a）中，代词回指语在（15b）中。（15b）和（15c）构成"因果"语式，"因果"语式作为核心论元和附加论元（15a）组成"背景"语式。（15b）叙述经常性事件，不是报道一件特定的事件。

下面讨论第三种情况，请看例（16）：

(16) a. 瑞宣$_i$的脸成了大红布；

b. 假若可能，连头发根也都发了红！

c. 他$_i$知道小崔骂的是学生，而并非骂他。

d. 他$_i$也知道小崔的见解并不完全正确，小崔是不会由一件事的各方面都想到而后再下判断的。 （《四》）

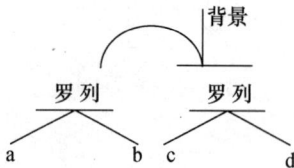

例（16）的先行词在（16a）中，代词回指语在（16c）和（16d）中。（16a）和（16b）构成"罗列"语式，（16c）和（16d）也构成"罗列"语式，两个"语式"组成"背景"语式。回指语所在的两个小句（16c）和（16d）的谓语由心理动词"知道"充当，因此，这两个句子报道的是活动事件，而不是结束和完成事件。

说话者使用代词形式回指位于主语领属语位置上的先行词时，语篇和实体具有如下特征：

第一，先行词和代词回指语之间的修辞结构距离和线性距离都较小，名词词语间隔距离一般为0。语式类型比零形回指的语式复杂。

第二，先行词指称的语篇实体虽然是在主语的领属语位置上，但它是当前叙述语篇中的重要人物。句子中很少有其他人物，即使在先行词和回指语之间插了指人的名词词语，该名词词语既不是话题，也不是句子的主语。

（三）名词回指

先行词在小句主语的领属语位置时，91.3%的名词回指分布在修辞结构距离为2的语篇中，仅有8.7%的名词回指分布在修辞结构距离为3的语篇中。下面以修辞结构距离为纲，考察名词回指运用时的语篇特征和实体特征，分析它们如何影响语篇实体的认知状态。

1. 修辞结构距离为2

先行词和回指语之间的修辞结构距离为2时，名词回指分布在不同的名词词语间隔距离和线性距离的语篇中。请看下面的例子：

（17）a. 李四爷$_i$的眼角上露出一点笑纹来。

   b. 老人$_i$一向不喜欢杀生，

   c. 现在他$_i$几乎要改变了心思——"杀"是有用处的，只要杀得对！ （《四》）

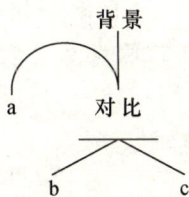

例（17）的先行词"李四爷"在（17a），回指语"老人"在（17b）。先行词和回指语之间的线性距离、名词词语间隔距离都为0，说话者却使用了名词回指。在本书使用的语料中，像（17）这样的例子很少，我们仅发现1例。

不过，例（17）运用的是同义异形名词回指，而不是同形名词回指。语篇用表示敬称的专有名词"老人"回指熟悉的实体"李四爷"，反映了说话者叙述视角的转移。说话者从第三人称叙述者的角度客观地叙述，转换为从语篇中人物的角度主观地叙述。其中隐含着说话者对语篇实体在态度和情感上的微妙变化。

下面再看线性距离和名词词语间隔距离大于 0 的例子：

(18) a. 晓荷$_i$的唇开始颤动。

　　b. 其实老人$_j$身上并没有武器，

　　c. 晓荷$_i$可是觉得已看见了枪似的。　　　　　　　（《四》）

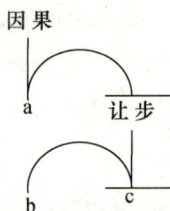

例（18）的先行词"晓荷"在（18a），同形回指语在（18c）。如果没有（18b），（18a）和（18c）两个小句可以组成"因果"语式。嵌入（18b）之后，使得（18c）和（18b）构成"让步"语式，然后"让步"语式作为附加论元同核心论元（18a）构成"因果"语式。由此可见，（18b）的嵌入使先行词和回指之间的修辞结构距离、线性距离和名词词语间隔距离增大，更为关键的是，干扰名词"老人"在（18b）的主语位置上。由于"晓荷"和"老人"在语篇角色的重要性上是平等的，当"老人"出现时，说话者的注意焦点从"晓荷"转移到"老人"。这时"晓荷"可能退出激活状态，当（18c）再次提及"晓荷"时，需要重新将它激活。所以说话者用了名词回指。

2. 修辞结构距离为 3

名词回指也运用在修辞结构距离为 3 的语篇环境中。请看下面的例子：

(19) a. 四爷$_i$的泪流了下来。

　　b. 离小崔$_j$有两三丈远，立着个巡警$_k$。

　　c. 四爷$_i$勉强的收住泪，

　　d. ø$_i$走了过去。　　　　　　　　　　　　　　（《骆》）

例（19）的修辞结构距离虽然比（18）大，但它们的情况非常类似。（19b）是存现句式，即使"小崔"和"巡警"不在主语位置上，他们也是存现句的主要人物。可见，（19b）的插入不仅打断了（19a）和（19c）之间的线性和层级联系，而且转移了说话者的注意。因此，说话者用同形名词回指"四爷"。

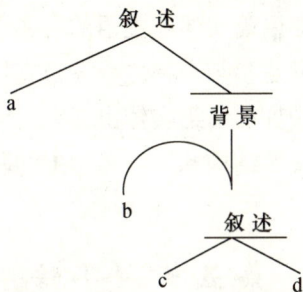

有时候，先行词和回指语之间没有嵌入指人的名词词语时，说话者也用名词形式回指上文提及的实体。请看下面的例子：

（20）a. 停车场里已没有几辆车了，

　　　b. 宋建平$_i$的那辆白色本田在夜的微明里泛着银色的光。

　　　c. 晚风阵阵，

　　　d. 树叶飒飒，

　　　e. 宋建平$_i$怀着一种近乎劫后余生般的轻松心情，

　　　f. ø$_i$脚步轻快地向自己的车走去，

　　　g. ø$_i$同时拿出钥匙，

　　　h. ø$_i$远远的开了车锁。　　　　　　　　　　（《中》）

例（20）中的主要人物"宋建平"在（20b）"宋建平的那辆白色本田"中被提及，但"宋建平"不能作为事件的参与者而被听话者激活。首先，"宋建平"和"本田"车是一般的领属关系，而不是整体和部分的关系；其次，（20a）和（20b）两个小句是描写场景，而不是报道事件，它们为接下来报道的事件提供空间背景。实际上，（20b）中的"宋建平"是不在场（present）的参与者，"宋建平"在此句中激活的程度很低。直到（20e），说话者才将"宋建平"作为在场的主要参与人物重新引入语篇。

说话者使用全称名词回指位于主语领属语位置上的先行词时，语篇和实体具有如下特征：

第一，先行词和名词回指语之间的修辞结构距离和线性距离比较大，语式类型比较复杂；名词词语间隔距离一般为1，少数为0。

第二，先行词指称的语篇实体在主语的领属语位置上，它是当前叙述语篇中的重要人物，或者是参与人物之一。当先行词和回指语之间有干扰名词词语时，干扰名词指称的语篇实体出现在后续句的主语位置上，它打断了先行词和回指语在线性结构和层级结构上的联系。

第五节　小结

本章首先从回指语的编码形式和先行词的句法位置两个方面对回指类型进行讨论，接下来考察先行词在主语、宾语和领属语位置时的回指现象。

本章分别统计了先行词在三种句法位置时，零形回指、代词回指和名词回指在三种不同语篇环境（修辞结构距离、线性距离和名词词语间隔距离）中的分布情况。统计数据表明语篇间隔距离影响回指语编码形式的选择，支持本书第三章提出的现代汉语篇章回指选择模型，但是统计数据还不能圆满地解释在相同的语篇环境中为什么存在不同的回指形式。为了回答这个问题，本章详细分析了说话者运用三种回指形式时，语篇间隔距离和语篇实体所呈现出来的规律，并且围绕修辞结构的语义特点、间隔名词的句法特征和实体的语用特性等内容进行研究。

综合本章的讨论，我们可以把篇章回指规律总结如下：

零形回指使用在修辞结构距离和线性距离很小的语篇中，名词间隔距离一般小于1，如果有潜在的干扰名词，该名词一般不出现在小句的主语位置上打断先行词和回指语的线性话题链。零形回指语指称的是语篇中的重要人物实体。

代词回指使用在修辞结构距离和线性距离较小的语篇中。先行词在小句的主语或者领属语位置上时，名词间隔距离一般不大于1；如果有潜在的干扰名词，该名词一般不出现在小句的主语位置上打断先行词和回指语的线性话题链；代词回指语指称语篇中的重要人物实体。先行词在宾语位置上时，名词间隔距离一般为 0；代词回指语保持宾语指称时，它指称语篇中的次要人物，代词回指语转换宾语指称时，它指称语篇中的重要人物。

名词回指使用在修辞结构距离和线性距离较大的语篇中，名词间隔距离一般大于 1，干扰名词一般出现在小句主语位置上，打断先行词和回指语之间的线性联系，名词回指语用来指称话语中的一个参与人物实体。

第六章　结语

第一节　总结

　　本书从语篇生成的角度研究篇章回指。篇章回指是语篇中两个指称语（先行词和回指语）之间的同指关系。从语言运用的角度来说，篇章回指是说话者使用名词性词语指称上文已经提及过的事物；从语篇生成的认知心理过程来说，篇章回指是说话者根据语篇实体在记忆系统中的激活状态，选用合适的名词性成分指称引入语篇模型的实体。

　　本书在汤姆林、冈德尔等人的研究基础上，提出篇章指称的认知激活模式。该模式分为三个模块：语篇模型和语篇实体的认知状态分类；语篇实体的认知状态同指称语编码形式的关系；制约语篇实体认知状态的因素。

　　本书按照语篇实体在记忆系统中的激活程度，把语篇实体的认知状态分为五类："注意中心"、"激活的"、"熟悉的"、"可识别的"和"未识别的"。这五类认知状态具有蕴含关系，激活程度高的认知状态蕴含着激活程度低的认知状态。本书以言语交际双方的语篇模型作为判断某一实体是不是"熟悉的"认知状态的分水岭，"未识别的"和"可识别的"实体没有被引入语篇模型，"熟悉的"、"激活的"和"注意中心"的实体已经引入语篇模型。只有当说话者运用名词性词语指称至少"熟悉的"实体时才是篇章回指。

　　本书主张指称语的编码形式同语篇实体的认知状态有密切的关系，它们之间有如下关联：

| 注意中心 | 激活的 | 熟悉的 | 可识别的 | 未识别的 |

零形代词 < 　重读人称代词　< 　　专有名词　　< 　专有名词　<（领属［小句］＋）NP
人称代词　指示代词（＋N）（远指代词＋）NP　远指代词＋N　　（数＋）量＋NP

　　本书提出制约实体认知状态的两大因素：语篇间隔距离和语篇实体特征。语篇间隔距离包括修辞结构距离、线性距离和名词词语间隔距离；语篇实体特征包括重要人物和语法角色。这五个因素都制约说话者对回指语的选择，但它们不是直接发挥作用，而是整合后通过影响说话者对某一实体的认知状态，从而影响回指语的编码形式。

　　综合认知激活模式的三个模块，我们得到如下现代汉语篇章回指的选择模型：

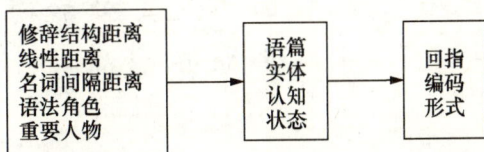

```
┌──────────────┐      ┌────────┐      ┌────────┐
│ 修辞结构距离  │      │ 语篇    │      │ 回指    │
│ 线性距离      │─────▶│ 实体    │─────▶│ 编码    │
│ 名词间隔距离  │      │ 认知    │      │ 形式    │
│ 语法角色      │      │ 状态    │      │        │
│ 重要人物      │      └────────┘      └────────┘
└──────────────┘
```

　　上图模型表明，说话者选择回指语时有两个相对分离的阶段：第一个阶段由左边和中间的矩形组成，"语篇间隔距离"和"语篇实体特征"两大因素制约实体认知状态；第二个阶段由中间和右边的矩形组成，实体的认知状态制约回指语的编码形式。

　　本书第五章使用小说语料论证篇章回指的选择模型。本章分别统计了先行词在三种句法位置和三种语篇环境中的分布情况，统计数据表明修辞结构距离、线性距离和名词词语间隔距离影响回指语的选择运用。除此之外，本章从修辞结构的语义特点、间隔名词的句法特征和实体的语用特性等角度对零形回指、代词回指和名词回指进行了详细的分析。

　　综合本书的研究，我们可以把篇章回指规律总结如下：

　　零形回指语用来指称处于"注意中心"认知状态的实体。此时先行词和回指语之间的修辞结构距离和线性距离都很小，名词间隔距离一般也小于1，如果有潜在的干扰名词，该名词一般不出现在小句的主语位置上。零形回指语指称的是语篇中的重要人物实体。

　　代词回指语用来指称处于"注意中心"和"激活的"认知状态的实体。此时先行词和回指语之间修辞结构距离和线性距离都较小。先行词在小句的主语或者领属语位置上时，名词间隔距离一般不大于1；如果先行词和回指语之间有潜在的干扰名词，该名词一般不出现在小句的主语位置上；代词回指语用来指称语篇中的重要人物实体。先行词在宾语位置上时，名词间隔距离一般为 0，代词回指语保持宾语指称时，它指称语篇中的次要人物实体，代词回指语转换宾语指称时，它指称语篇中的重要人物实体。

名词回指语用来指称"熟悉的"实体。此时先行词和回指语之间的修辞结构距离和线性距离较大，名词间隔距离一般大于 1，干扰名词一般出现在小句主语位置上，打断先行词和回指语之间的线性话题链，名词回指语用来指称语篇中的一个参与人物实体。

第二节　本书的不足之处和有待进一步研究的问题

篇章回指是一种复杂的语言现象，回指形式的选择运用受到多种因素的制约，包括句法结构、语义特征、篇章结构、语用和认知功能等因素。本书尝试将说话者的认知功能因素和语言结构要素两方面结合起来解释篇章回指现象。毫无疑问，这种探讨是初步的，其结论也存在不少局限，还有待于深入地探讨。

首先，从本书研究所采用的语料方面来说，本书也只是对小说语料进行了比较详细的分析，还没有分析其他类型的叙述体语篇。为了缩小研究的范围，本书将语篇实体限制在人物实体范围内，对非人物实体几乎没有进行研究。即使是人物实体，本书也只是对先行词在领属语位置上的回指现象进行了穷尽性的分析，对先行词在主语和宾语位置上的回指现象，本书只是选取了相关的指称词语、句法结构类型和指称模式，进行了穷尽性的分析。虽然本书基于小说语料的分析统计，但基本上能够反映叙述体篇章回指的基本规律，但是对语料的分析还是不平衡的。本书的研究结论主要是基于对叙述体语料的研究，是否适用于其他文体（如描述体、说明体和论证体）的回指现象，还需要进一步研究。

其次，本书提出的篇章回指选择模式主张语篇间隔距离和语篇实体特征是制约说话者认知状态的两大因素。本书把两大因素又分为修辞结构距离、线性距离、名词词语间隔距离、重要人物和语法角色五个制约要素，试图把影响说话者认知状态的要素简缩到最小范围。毋庸讳言，这种简化处理的方法遗漏了某些有价值的变量。此外，这五个制约要素在影响说话者认知状态时，它们是怎样整合后制约认知状态还需要深入地考察。

最后，本书提出的记忆激活模式在理论上能够适用于人类所有的语言，但是本书的研究对象只是现代汉语，很少涉及其他语言，该理论模式是否适用于其他语言，还需要跨语言的研究进一步验证。

主要参考文献

Alexandra Georgakopoulou and Dionysis Goutsos, *Discourse Analysis*: *An Introduction*, Edinburfh University Press, 2004.

Ariel, M. , Referring and accessibility, *Journal of Linguistics* 24: 65 – 87, 1988.

Ariel, M. , *Accessing Noun – phrase Antecedent.* London: Routledge, 1990.

Ariel, M. , The function of accessibility in a theory of grammar, *Journal of Pragmatic* 16: 443 – 463, 1991.

Ariel, M. , Interpreting anaphoric expression: A cognitive versus a pragmatic approach, *Journal of Linguistics* 30: 3 – 42, 1994.

Austin, J. L. , *How to do Things with Word.* Oxford: Clarendon Press, 1962.

Beaugrande, R. , de and W. Dressler, *Introduction to Text Linguistics*, London & New York: Longman, 1981.

Bentivoglio, P. , *Topic Continuity and Discontinuity in Discourse*: *A Study of Spoken Latin – American Spanish*, In T. Givón (eds.), 255 – 311, 1983.

Bestgen, Y. and J. Costermans, Time, space, and action: Exploring the narrative structure and its linguistic marking, *Discourse Processes* 17: 421 – 46, 1994.

Brown, G. and G. Yule, *Discourse Analysis*, London: Cambridge University Press, 1983.

Bühler, K. , The deictic field of language and deictic words, In R. J. Jarvella and W. Klein (eds.), 9 – 30, 1982 [1934] .

Chafe, Wallace L. , Language and consciousness, *Language* 50: 111 – 133, 1974.

Chafe, W. L. , Givenness, contrastiveness, definiteness, subject, topics, and point of view, In C. Li (ed.) *Subject and Topic*, 25 – 55, New York: Academic Press, 1976.

Chafe, W. L. (ed.), *The Pear Stories: Cognitive, Cultural and Linguistic Aspects of Narrative Production.* Norwood, New Jersey: Ablex Publishing Corporation, 1980.

Chafe, W. L., Cognitive constraints on information flow, In Tomlin, R. S. (ed.), *Coherence and Grounding in Discourse*, 21 – 25, Amsterdam: John Benjamins, 1987.

Chafe, W. L., *Discourse, Consciousness, and Time: The Flow and Displacement of Conscious Experience in Speaking and Writing*, Chicago: The University of Chicago Press, 1994.

Chen, Ping (陈平), *Referent Introducing and Tracking in Chinese Narrative*, Unpublished UCLA ph. D. dissertation, 1986.

Chen, Ping, Indefinite determiner introducing definite referent: A special use of 'yi one' classifier in Chinese, *Lingua* 113, 1169 – 1184, 2003.

Chen, Ping, Identifiability and definiteness in Chinese, *Linguistics* 42 (6), 2004.

Chomsky, N., *Lectures on Government and Binding*, Dordrecht: Foris Publication, 1981.

Chu, C., *A discourse Analysis of Mandarin Chinese*, New York: Peter Lang, 1998.

Clancy, M., Referential choice in English and Japanese Narrative Discourse, In W. Chafe (ed.), 127 – 202, 1980.

Clark, H. H., *Using Language*, Cambridge: Cambridge University Press, 1996.

Comrie, B., *Language Universals and Linguistic Typology*, Oxford: Blackwelll, 1989.

Conolly, J. H. (ed.), *Discourse and Pragmatics in Functional Grammar*, Berlin: Mouton de Gruyter, 1997.

Cornish, F., "Antecedentless" anaphors: Deixis, anaphora, or what? *Journal of Linguistics* 32: 19 – 141, 1996.

Cowan, Nelson, Evolving conceptions of memory storage, selective attention, and their mutual constraints within the human information – processing system, *Psychological Bulletin* 104 (2): 163 – 191, 1988.

Crystal, D. and D. Davy, *Investigating English Style*, London: Longman Group Limited, 1969.

Dinsmore, J., *Partitioned Representations: A Study in Mental Representation*, *Language Understanging and Linguistic Structure*, Dordrecht: Kluwer, 1991.

Du Bois, John, W., Beyond definiteness: The trace of identifiability in discourse. In Wallace Chafe (ed.), *The Pear Stories: Cognitive, Cultural and Linguistic Aspects of Narrative Production*, N. J.: Albex Publishing Corporation, 1980.

Duchan, J. et al. (eds.), *Deixis in Narrative: A Cognitive Science Perspective*. Hillsdale: Lawrence Erlbaum Associates, Inc, 1995.

Epstein R. Roles, frames and definiteness, In van Hoek, K. et al. (eds.), 29 – 52, 1999.

Epstein R. Roles, The definite article, accessibility, and the construction of discourse referent, *Cognitive Linguistics* 12 – 4: 333 – 378, 2002.

Fauconnier, G., *Mappings in Thought and Language*, Cambridge: Cambridge University Press, 1997.

Fillmore, Charles J., Frame semantics. In Linguistic Society of Korea (ed.), *Linguistics in the Morning Calm*, Seoul: Hanshin, 111 – 137, 1982.

Fillmore, Charles J., Pragmatics and the description of discourse. In A. Kasher (ed.), Vol. V. 385 – 407, 1998.

Fox, Barbra A., *Discourse Structure and Anaphor: Written and Conversational English*, Cambridge: Cambridge University Press, 1987.

Fox, Barbra A., Anaphora in popular written English narratives, In S. Tomlin (ed.), 157 – 174, 1987.

Fox, Barbra A. (ed.), *Studies in Anaphora*, Amsterdam: John Benjamins Publishing House, 1996.

Fretheim, T. and Gundel (eds.), *Reference and Referent Accessibolity*, John Benjamins B. V., 1996.

Garnbam, A., Mental Models and the Interpretation of Anaphora, East

Sussex: Psychology Press Ltd. , 2001.

Givón, T. , *Topic*, *Pronoun and Grammatical Agreement*, In C. Li (ed.), 151 – 188, 1976.

Givón, T. , *On Understanding Grammar*, New York: Academic Press, 1979a.

Givón, T. (ed.), *Syntax and Semantics*, New York: Academic Press, 1979b.

Givón, T. , Topic continuity in discourse: The functional domain of switch – reference, In J. Haiman & P. Munro (eds.) *Switch Reference*, *Typological Studies in Language*, Vol. 2, Amsterdam: Benjamins, 1982.

Givón, T. , Transitivity, topicality, and the Ute impersonal passive, In P. Hopper & S. A. Thompson (eds.) *Syntax and Semantics*, Vol. 15, Studies in Transitivity, 143 – 160, New York & London: Academic Press, 1982b.

Givón, T. , Topic continuity in discourse: An introduction, In T. Givón (ed.) *Topic Continuity in Discourse: A Quantitative Cross – Language Study*, 1 – 41. Amsterdam: Benjamins, 1983.

Givón, T. , *Syntax: A Functional Typological Introduction*, Vol. I. Amsterdam: Benjamins, 1984.

Givón, T. , *Syntax: A Functional – Typological Introduction*, Vol. II. Amsterdam: Benjamins, 1990.

Givón, T. , *Functionalism and Grammar*, Amsterdam: Benjamins, 1995.

Gundel, Jeanette K. , "Shared Knowledge" and Topicality, *Journal of Pragmatics* 9: 83 – 107, 1985.

Gundel, Jeanette K. , Nancy Hedberg, and Ron Zacharski. 1993. Cognitive status and the form of referring expressions in discourse, *Language* 69, 2: 274 – 307.

Gundel, Jeanette K. , Hedberg, Micheal, and Borthen, Kaja Cognitive status, information structure, and pronominal reference to clausally introduced entities, *Journal of Logic, Language and Information* 12 (3): 281 – 299, 2003.

Halliday, M. A. K. , *An Introduction to Functional Grammar*, London: Arnold, 2004.

Halliday, M. A. K. and Hasan, R. , *Cohesion in English*, London: Longman, 1976.

Hawkins, J. , *A Performance Theory of Order and Constituents*, Cambridge University Press, 1994.

Hinds, J. , Organizational patterns in discourse, In T. Givón (ed.), 135 – 158, 1979.

Hoey, M. , *On the Surface of Discourse*, London: George Allen & Unwin, 1983.

Hoey, M. , *Patterns of Lexis in Text*, Oxford: OUP, 1991.

Hoey, M. , *Textual Interaction: An Introduction to Written Discourse Analysis*, London: Routledge, 2001.

Hopper, Paul J. and Thompson, Sandra A. , Transitivity in grammar and discourse, *Language*, Vol. 56 (2): 251 – 299, 1980.

Huang, Yan, A neo – Gricean pragmatic theory of anaphora, *Journal of Linguistics* 27: 301 – 335, 1991.

Huang, Yan, *The Syntax and Pragmatics of Anaphora: A Study with Special Reference to Chinese*, Cambridge: Cambridge University Press, 1994.

Huang, Yan, Anaphora: *A Cross – linguistic Study*, Oxford: Oxford University Press, 2000.

Jaszczolt, M. , Referring expressions: A unified approach, *Journal of Foreign Languages* 2: 1 – 19, 2001.

Johnson, M. , *The Boby in the Mind*, Chicago: University of Chicago Press, 1987.

Keenan, E. L. and B. Comrie, Noun Phrase Accessibility and Universal Grammar, *Linguistic Inquiry* 8: 63 – 99, 1977.

Kibrik, A. , Anaphora in Russian Narrative Prose, In B. Fox (ed.), 255 – 304, 1996.

Kibrik, A. , Reference and Working Memory, In van Hoek, K. et al. (eds.), 29 – 52, 1999.

Kronrod, A. and O. Engel, Accessibility theory and referring expressions in newspaper headlines, *Journal of Pragmatics* 33: 683 – 699, 2001.

Labov, W. and J. Waletzky, Narrative analysis: Oral versions of personal experience, in J. Helm (ed.), *Essay on the Verbal and Visual Arts*, Seattle:

University of Washington Press, 1967.

Lakoff, G. , *Woman, Fire, and Dangerous Things: What Categories Reveal about the Mind*, Chicago: The University of Chicago Press, 1987.

Lakoff, G. and M. Johnson, *Metaphors We Live By*, Chicago: The University of Chicago Press, 1980.

Lambrecht, Knud, *Information Structure and Sentence Form: A Theory of Topic, Focus and the Mental Representations of Discourse Referents*, Cambridge: Cambridge University Press, 1994.

Langacker, Ronald W. , Reference – point constructions, *Cognitive Linguistics* 4: 1 – 38, 1993.

Langacker, Ronald W. , Conceptual grouping and pronominal anaphor, In B. Fox (ed.), 333 – 378, 1996.

LaPolla, Randy J. （罗仁地）, Pragmatic relation and word order in Chinese, In Word Order in discourse, ed. by Pamela Downing, Michel Noonan, John Benjamins Publishing Company, 1995. 此文在 LaPolla 的个人主页 http: //personal. cityu. hk/ ~ctrandy/index. htm 上有詹卫东的译文。

Levelt, W. J. M. , *Speaking*, Cambridge, MIT Press, 1989.

Levinson, S. C. , Pragmatics and the grammar of anaphora: A partial pragmatic reduction of binding and control phenomena, *Journal of Linguistics* 23: 379 – 434, 1987.

Li, C. N. and S. A. Thompson, Third – person pronoun and zero – anaphora in Chinese discourse in T. Givón (eds.), *Syntax and Semantics*, Vol. 12, *Discourse and Syntax*, New York: Academic Press, 1979.

Li, Cherry Ing （李樱）, *Participant Anaphora in Mandarin Chinese*, Gainesville, FL: Unpublished University of Florida Ph. D. dissertation, 1985.

Li, N. and D. A. Zibin, Discourse continuity and perspective taking, In J. Duchan et al. (eds.), 287 – 308, 1995.

Longacre, R. E. , The paragraph as a grammatical unit, in T. Givón (eds.), *Syntax and Semantics*, Vol. 12, *Discourse and Syntax*, New York: Academic Press, 1979b.

Longacre, R. E. , *The Grammar of Discourse*, New York: Plenum Press, 1983.

Lyons, John, *Semantics*, Cambridge: Cambridge University Press, 1977.

Lyons, Christopher, *Definiteness*, Cambridge University Press, 1999.

Martin, J. R. , *English Text: System and Structure*, Beijing: Peking University Press, 2004.

Martin, J. R. and Rose, D. , *Working with Discourse: Meaning beyond the clause*, London: Continuum, 2001.

Matsui, Tomoko, *Bridging and Relevance*, John Benjamins Publishing Company, 2000.

Prince, Ellen, Toward a taxonomy of given – new information, In Peter Cole (ed.), *Radical Pragmatics*, New York: Academic Press, 1981.

Tao, L. , *Zero Anaphora in Chinese: Cognitive Strategies in Discourse Processing*, University of Colorado, Ph. D. dissertation, 1993.

Tao, L. , Switch reference and zero anaphora: Emergent reference in discourse processing, In Cienki, A. (eds.), *Conceptual and Discourse Factors in Linguistic Structure*, Stanford: CSLI, 2001.

Tomlin, Russell S. , Linguistic reflections of cognitive events, In Tomlin, R. S. (ed.), *Coherence and Grounding in Discourse*, 455 – 479, Amsterdam: John Benjamins, 1987.

Tomlin, Russell S. , Mapping conceptual representations into linguistic representations: The role of attention in grammar, In Nuyts, J. & Pederson, E. (eds.), *Language and Conceptualization*, 162 – 189, Cambridge: Cambridge University Press, 1997.

Tomlin, Russell S. , Referential management in discourse production: Memorial activation and anaphora, In Iørn Korzen (eds.) *Comparing Anaphors: between Sentences, Texts and Languages*, Samfundslitteratur Press, 2007.

Tomlin, R. S. and Pu, M. M. , The management of reference in Mandarin discourse, *Cognitive Linguistics* 2: 65 – 93, 1991.

van Dijk, T. A. , *Text and Context*, London: Longman, 1977.

van Dijk, T. A. (ed.), *Hand book of Discourse Analysis*, Vol. 1, London, 1985.

van Hoek, K. , Conceptual reference points: A cognitive grammar account of pronominal anaphor constraints, *Language* 71 (2): 310 – 340, 1995.

van Hoek, K. , *Anaphora and Conceptual Structure*, Chicago: The University of Chicago Press, 1997.

　　van Hoek, K. et al. (eds.), *Discourse Studies in Cognitive Linguistics*, Amsterdam: John Benjamins, 1999.

　　Wilson, D. , Reference and relevance, UCLA *Working Papers in Linguistics*, Vol. 4, 167 - 192, 1992.

　　Wu, G. (武果), *Information Structure in Chinese*, Beijing: Peking University Press, 1998.

　　[瑞士] 索绪尔:《普通语言学教程》, 高名凯译, 岑麒祥、叶蜚声校注, 商务印书馆 1980 年版。

　　[美] 布龙菲尔德:《语言论》, 袁家骅、赵世开、甘世福译, 商务印书馆 1980 年版。

　　[美] 卫真道: 《篇章语言学》, 徐赳赳译, 中国社会科学出版社 2002 年版。

　　[以] 里蒙·凯南:《叙事虚构作品》, 姚锦清等译, 生活·读书·新知三联书店 1989 年版。

　　曹逢甫:《主题在汉语中的功能研究》, 语文出版社 1995 年版。

　　岑运强:《言语的语言学导论》, 北京大学出版社 2006 年版。

　　陈平:《汉语零形回指的话语分析》,《中国语文》1987 年第 5 期。

　　陈平:《现代语言学研究——理论、方法与事实》, 重庆出版社 1991 年版。

　　陈平:《汉语中结构话题的语用解释和关系化》,《国外语言学》1996 年第 4 期。

　　方梅:《自然口语中弱化连词的话语标记功能》,《中国语文》2000 年第 5 期。

　　方梅:《篇章语法与汉语篇章语法研究》,《中国社会科学》2005 年第 6 期。

　　何兆熊:《语用学概要》, 上海外语教育出版社 1989 年版。

　　何自然:《语用学概论》, 湖南教育出版社 1988 年版。

　　胡明扬:《语体和语法》,《汉语学习》1993 年第 2 期。

　　胡裕树:《试论汉语句首的名词性成分》,《语言教学与研究》1982 年第 4 期。

　　胡壮麟:《语篇的衔接与连贯》, 上海外语教育出版社 1994 年版。

黄国文：《语篇分析的理论与实践——广告语篇研究》，上海外语教育出版社 2001 年版。

黄国文：《语篇分析概要》，湖南教育出版社 1988 年版。

蒋平：《零形回指现象考察》，《汉语学习》2004 年第 3 期。

克里斯特尔编：《现代语言学词典》，沈家煊译，商务印书馆 2000 年版。

廖秋忠：《廖秋忠文集》，北京语言学院出版社 1992 年版。

姜望琪：《当代语用学》，北京大学出版社 2003 年版。

陆俭明：《现代汉语句法论》，商务印书馆 1993 年版。

吕叔湘：《现代汉语八百词》，商务印书馆 1980 年版。

吕叔湘：《中国文法要略》，商务印书馆 1986 年版。

吕叔湘：《吕叔湘全集》，辽宁教育出版社 2002 年版。

彭宣维：《英汉语篇综合对比》，上海外语教育出版社 2000 年版。

钱敏汝：《篇章语用学概论》，外语教学与研究出版社 2001 年版。

任绍曾：《叙事语篇的多层次语义结构》，《外语研究》2003 年第 1 期。

索振羽：《语用学教程》，北京大学出版社 2000 年版。

束定芳主编：《中国语用学研究论文精选》，上海外语教育出版社 2001 年版。

申丹：《叙述学与小说文体学研究》，北京大学出版社 2001 年版。

沈家煊：《不对称和标记论》，江西教育出版社 1998 年版。

陶红印：《试论语体分类的语法学意义》，《当代语言学》1999 年第 3 期。

王福祥、陈瑞瑞：《话语语言学论文集》，外语教学与研究出版社 1989 年版。

王甦、汪安圣：《认知心理学》，北京大学出版社 2002 年版。

王红旗：《指称论》，博士学位论文，南开大学，2001 年。

王红旗：《非指称成分产生的原因和基础》，《汉语学习》2006 年第 1 期。

王义娜：《指称的概念参照视点》，外文出版社 2006 年版。

伍铁平：《模糊语言学》，上海外语教育出版社 1999 年版。

邢福义：《汉语小句中枢语法系统论略》，《华中科技大学学报》1998 年第 1 期。

熊学亮：《认知语用学概论》，上海外语教育出版社 1999 年版。

徐纠纠：《叙述文中"他"的话语分析》，《中国语文》1990 年第 5 期。

徐赳赳：《篇章中的段落分析》，《中国语文》1996 年第 2 期。

徐赳赳：《现代汉语篇章回指研究》，中国社会科学出版社 2003年版。

徐烈炯：《语义学》，语文出版社 1995 年版。

徐烈炯、刘丹青：《话题的结构与功能》，上海教育出版社 1998年版。

许余龙：《篇章回指的功能语用探索》，上海外语教育出版社 2004年版。

袁毓林：《话题化及相关的语法过程》，《中国语文》1996 年第 4 期。

袁毓林：《汉语话题的语法地位和语法化程度：基于真实自然口语的共时和历时考量》，载《北京大学语言学论丛》，商务印书馆 2002 年版。

张伯江、方梅：《汉语功能语法研究》，江西教育出版社 1996 年版。

张伯江：《汉语句法的功能透视》，《汉语学习》1994 年第 3 期。

张伯江、方梅：《汉语口语的主位结构》，《北京大学学报》1994 年第 2 期。

张伯江：《语体差异和语法规律》，《修辞学习》2007 年第 2 期。

张德禄：《语言符号及其前景化》，《外国语》1994 年第 6 期。

张德禄、刘汝山：《英语连贯与衔接理论的发展及应用》，上海外语教育出版社 2003 年版。

赵元任：《汉语口语语法》，商务印书馆 1979 年版。

郑贵友：《汉语篇章语言学》，外文出版社 2002 年版。

周士宏：《汉语句子的信息结构研究：从话题突出到焦点突出》，博士学位论文，北京师范大学，2005 年。

朱德熙：《语法讲义》，商务印书馆 1982 年版。

朱德熙：《语法答问》，商务印书馆 1985 年版。

朱德熙：《现代汉语研究的对象是什么?》，《中国语文》1987 年第 4 期。

朱永生、严世清：《系统功能语言学多维思考》，上海外语教育出版社 2001 年版。

朱永生、郑立信、苗兴伟：《英汉语篇衔接手段对比研究》，上海外语教育出版社 2001 年版。

后　记

　　本书是在我的博士论文基础上修改而成的，它的写作和出版离不开师长的指导、同学的帮助和亲友的支持。

　　首先要感谢我的博士和硕士导师岑运强教授，是岑运强教授把我带上了理论语言学的学术之路。六年来，他从如何学习语言学到怎样做学术研究都给予我悉心指导，他博采众长的学术理念和深厚的语言学功底，帮助我消解了论文写作中的困惑，让我对许多语言学问题有了更深刻的理解。本书饱含着导师的智慧和心血。

　　感谢伍铁平教授，本书无处不渗透着他的心血和汗水，先生带病帮我修改论文初稿。我从先生身上学到的不仅是他的专业知识，还有他严谨的治学态度、孜孜不倦的求学精神和铁面无私的品格。

　　我要感谢王宁教授、彭宣维教授、张伯江教授。在读博三年间，我多次旁听了他们给博士生讲授的课程，他们渊博的知识和对本专业的热爱使我受益匪浅。感谢远在澳大利亚昆士兰大学的陈平教授，他毫不吝惜地把他的博士论文寄给我，并多次通过电子邮件，把他的论文和相关资料发给我，并对论文的写作提出了富有启发性的建议。我还要特别感谢王庆老师、周士宏老师为我提供论文写作资料和建议，我从中收获颇多。

　　在论文答辩过程中，周流溪教授、李福印教授、刘海涛教授、刁晏斌教授，都对论文的不足提出了许多问题和建议，在此一并致谢。

　　感谢家人对我的理解和支持，读博期间很少回家探望和照顾他们，在此祝愿他们永远健康，永远幸福。

　　感谢中国社会科学出版社卢小生先生，他为本书的顺利出版做了大量工作。也要感谢出版社其他为本书出版付出劳动的各位编辑。

石艳华

2013 年 12 月